통번역 학습을 위한

중국어책

통번역 학습을 위한

중국어책

이국희 · 김명순 著

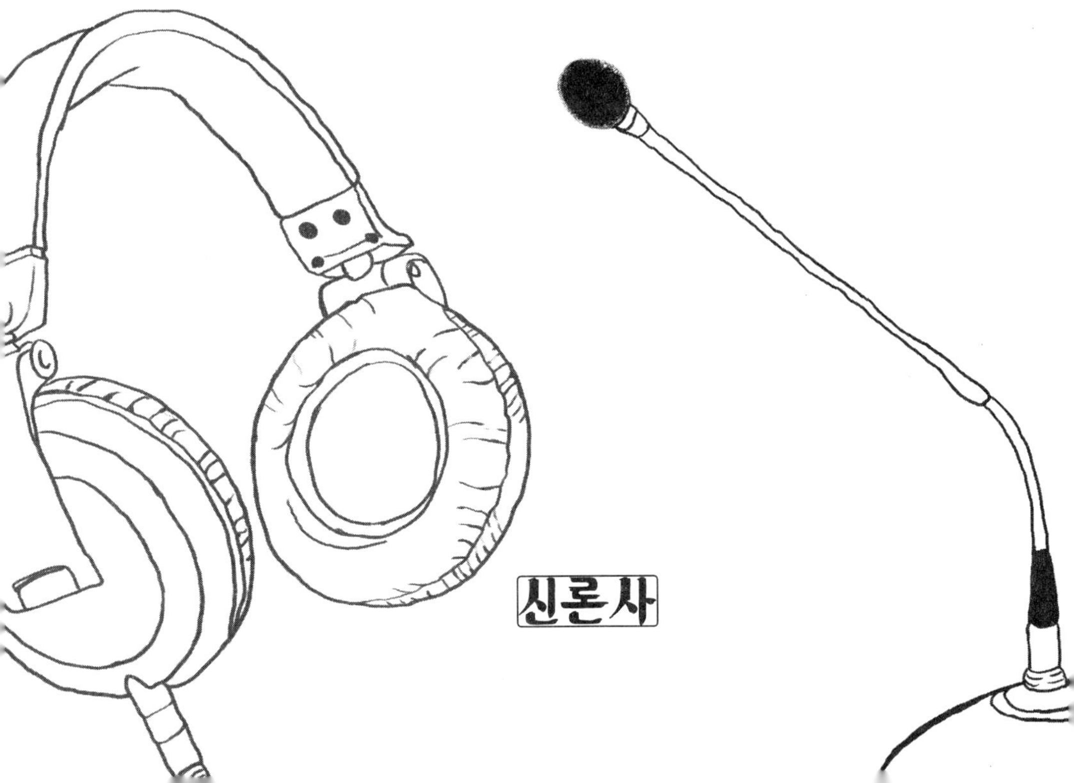

신론사

머리말

중국어 통번역에 관심이 있는 초중급 학습자들에게 통번역 학습의 새로운 방향을 제시하고자 기획된 이 책은 통번역을 연습하고 수행하는 데 초점이 맞추어져 있다. 특히 통번역의 테크닉을 익히고 관련 구문을 암기 · 응용하게 함으로써 짧은 시간 안에 큰 성과를 거둘 수 있도록 하였다.

이 책의 '읽어두기'에서는 통번역에 필요한 이론과 테크닉을 제시하였고, 본문에서는 통번역의 내용에 따라 「연설문」「시나리오」「팸플릿」「교류업무」「관광안내」「내용개요」「문학번역」「영상번역」「과학기술」 등 9개 항목으로 분류함으로써 분야별 언어 표현력과 대처 능력을 향상시킬 수 있도록 하였다.

이 책에 인용된 예문의 대부분은 실제 현장에서 쓰이는 통번역 문장들이다. 통번역의 생생한 경험과 노하우가 담겨 있는 이 책을 통해 통번역을 학습하는 이들이 실질적인 도움을 받을 수 있기를 기대한다. 또한 이 책의 출판을 계기로 다양한 중국어 통번역 관련 서적들이 쏟아져 나오게 되길 바란다.

끝으로 이 책의 출판을 맡아주신 **신론사** 여러분께 깊은 감사를 드린다.

2011. 7.

공저자

목차

머리말 4

읽어두기 7

제1과 연설문 27

제2과 시나리오 49

제3과 팸플릿 71

제4과 교류업무 115

제5과 관광안내 129

제6과 내용개요 139

제7과 문학번역 149

제8과 영상번역 163

제9과 과학기술 185

부 록 203

통역[1]의 사전적 의미는 언어[2]가 통하지 않는 사람들 사이에서 언어의 뜻을 전달하는 일이다.

통 역					
1	2	3	4	5	6
유창한 언어가 바탕이 되어야 한다	뜻과 정서의 전달이다	통역은 창작이다	통역은 예술이다	믹스기이자 가공공장이다	신에 대한 도전이다 (바벨탑의 붕괴)

◎ 통역사란 어떤 직업인가?

통역사	
높은 보수와 함께 시대를 앞서가는 사람을 만날 수 있는 매력적인 직업	또한 '나'를 드러내지 않고 '남'의 영광을 위해 봉사해야 하는 '서비스' 직종

1) 통역 : 옮겨주어 통하게 하는 행위, '翻译' fānyì.

通(통)	译(역)
서로 말이 통하게 해준다는 것	말을 바꾸는 것

2) 언어

음성언어	문자언어
백화(문)	문언(문)
口语 spoken language 구어, 입말	书面语 written language 문어, 글말

통역사의 직업적 특성		
꾸준한 지식 축적과 향상이 요구된다	어휘력을 키우기 위한 노력은 필수이다	배경 및 주제 지식 그리고 넓은 시야를 갖추어야 한다
나는 내가 아무것도 모른다는 사실을 알고 있다 -소크라테스- (겸허한 마음가짐)	일상적인 어휘 표현과 전문용어 숙지가 모두 필요하다	분야별 자신만의 어휘정리가 필요하다 (자신만의 비밀노트 정리)

통역사에 대한 사회적 인식			
전문성에 대한 이해 부족	여성 통역사가 대다수	고용주들의 통역에 대한 이해 부족	최근 들어 남성 통역사가 늘어나는 추세

통역의 어려움과 매력

통역의 어려움	통역의 매력
한마디로 통역은 힘들고 피곤하고 신경 쓰이는 직업이다	그럼에도 불구하고 통역사는 멋진 직업이다
통역 준비 • 철저한 사전대비 • 끊임없는 어휘 축적 • 시사·문화 등 전문분야에 대한 공부 **통역 현장** • 긴장의 연속 • 외줄타기(자신만의 의존) • 고도의 집중력 • 훈련된 순발력 • 경험에서 온 대처능력	• 도전적이고 흥미롭다 -전문적인 용어부터 실질적인 프로젝트까지 : 문제 해결사 • 다양한 사람들을 만날 수 있다 -농부부터 대통령까지 • 다양한 분야의 상황을 지켜볼 수 있다 -학술 세미나에서 전쟁까지 • 많은 나라와 지역을 둘러보며 갖가지 풍습을 세세히 알 수 있다 • 배움과 만남의 즐거움을 누릴 수 있다 • 국제 교류의 가교 역할을 한다 • 국가 간 우호증진에 기여한다

◎ 통역의 장르

1	2	3
동시통역 - 부스통역 - 위스퍼링[3] - 릴레이 통역 - 화상회의 통역[4]	순차통역	통역안내 - 관광안내 - 수행통역

통역의 방식[5]	
동시통역[6]	순차통역[7]
연사가 잘 보이는 위치에 별도로 마련된 통역 부스(booth) 속에서, 헤드폰을 끼고 연설자와 거의 동시에 통역하는 방식	회의 참석자들과 같이 동석하여, 청중들 앞에서 연설자의 말 일부가 끝난 다음, 즉 발표 중간에 끊어서 통역하는 방식
간담회 · 기자회견 · 국제회의 등	

---

3) Whispering : 청자 옆에서 귀엣말을 속삭이듯 작은 목소리로 통역하는 방식.

부스(booth) 통역	위스퍼링(whispering) 통역
동시통역	

4) 화상회의는 물리적으로 떨어져 있는 지역을 위성으로 연결하여 개최하는 회의 방식으로 순차통역과 동시통역을 모두 활용할 수 있다.

5) 최정화 편, 『통역번역입문』, 서울 : 신론사, 1998.9. 91쪽 참조.

6) '동시통역'의 중국어 명칭

同声传译 tóngshēng chuányì	同步传译 tóngbù chuányì	即时传译 jíshí chuányì

7) '순차통역'의 중국어 명칭

连续传译 liánxù chuányì	异步传译 yìbù chuányì	交替传译 jiāotì chuányì

동시통역의 특성

1	2	3	4	5	6
헤드폰과 부스가 갖춰져야 한다	통역현장 사전 점검은 필수다	자질과 능력이 필요하다	청중 앞에 나타나지 않는다	기회가 그리 많지는 않다	의사전달이 완벽하게 이루어지지 못한다

순차통역의 특성[8)]

1	2	3	4	5
전문통역사가 일상적으로 하는 일이다	대규모 청중 앞에 자주 서게 된다	행사 전에 연사와 꼭 만나야 한다	경험 부족한 연사 및 돌발 상황에 대처하는 지혜와 센스가 필요하다	의사 전달이 완벽하게 이루어질 수 있다

6	7	8	9
필요하면 재차 묻거나 확인할 수 있다	노트 테이킹[9)]을 잘해야 한다	경우에 따라 내용을 전부 통역하지 않아도 된다	연사가 단락을 끊지 않을 때는 요령껏 신호를 보내야 한다

---

8) 순차통역의 단계

1	2
연사의 연설을 들으며 내용을 기록해 두었다가	연사를 대신해 일인칭으로 메시지를 전달하는 방식

9) 순차통역의 노트 테이킹(note-taking)

1	2
내용을 들으며 기록	기록된 내용을 참조·활용

◎ 통역의 과정[10)]

1	2	3
듣기	기억	표현
인지 · 이해	분석 · 종합	comunication 행위
고도의 '집중력'을 요함		

◎ 통역안내원의 자세

1	2	3	4
민간외교관이라는 자긍심을 갖고 일을 해야 한다	철저한 서비스 정신으로 무장해야 한다	호소력이 있어야 한다	국가 · 지역에 대한 전반적인 지식을 갖춰야 한다

◎ 통역사의 월 보수는 어느 정도인가

고정직	프리랜서	통역안내원
200만원~400만원	500만원~1000만원	200만원~500만원

◎ 통역사의 이미지

1	2	3	4
지적이고 수수하지만 감각 있는 옷차림을 한 사람	친절하며 공손하고 과음과 과식을 하지 않는 사람	듣기 좋은 톤의 낭랑한 목소리를 가지고 전문 분야에 걸쳐 박식한 사람	직업에 대한 자긍심과 열정으로 가득 차 있는 사람

10) 최정화 편, 앞의 책, 80쪽 참조.

◎ 훌륭한 통역사의 조건

1	2	3	4
통역사는 프로 운동선수이다	투명인간처럼 드러나지 않는다	청자들에게 모국어로 대화하는 느낌을 받게 한다	연사의 보완적인 역할을 하되 오버해서는 안 된다
5	**6**	**7**	**8**
정확한 자체 평가도 할 줄 알아야 한다	항상 비밀을 지켜야 한다	예의적인 칭찬에 넘어가서는 안 된다	상대 통역과의 유대 관계를 잘 유지해야 한다

◎ 통역 준비[11)]

1	2	3
주제 준비	용어[12)] 준비	'마지막 순간' 준비
회의 주제에 관한 제반 자료를 읽으며 '주제 지식'을 습득하는 과정	관련 분야의 전문 용어를 찾아내어 정리한 다음 외우는 과정	사전에 준비한 주제에 관해 곧 발표될 연설문의 내용을 회의 직전에 보는 것
최소한의 주제 지식 ↓ 연설문에 대한 이해[13)]	용어 체크[14)] 용어 암기 · 메모	연사에게 직접 내용이나 용어에 관해 설명을 부탁한다

---

11) 최정화 편, 앞의 책, 8~14쪽 참조.

12) 한 언어에서 다른 언어로 '대칭 전환'이 되는 모든 어휘나 어구.

13)

1. 지적 호기심	2. 만물박사
각 분야에 대한 관심	각 분야에 대한 해박한 상식

14) 통역할 때 나올 가능성이 많은 어휘나 어구를 관련 자료를 읽으면서 표시하거나 별도로 적는 작업.

◎ 통역의 대상(주제)

전문분야	일반분야
철학, 문학, 의학, 심리학 등 권위자의 발표	친선대회, 홍보분야, 설명회 등
↳참고자료 구비, 철저한 준비	↳신문・잡지의 구독

◎ 실제 통역시 참고자료의 예[15]

정치・경제 분야	과학・기술 분야
1. 주제를 다룬 정기 간행물 : 신문 잡지 등 2. 관련 당국을 통해 얻은 자료 : 전에 열렸던 회의자료, 당 회의 준비자료 등	1. 백과사전이나 단일어로 설명된 전문사전 2. 전에 열렸던 회의자료 또는 참석자에게 배부되는 자료 3. 대중 보급용 자료, 문고판 관련 서적, 대학 교재 등 기본 개념이 명확하게 설명된 것

◎ 통역의 에피소드

◆ 1분이면 충분하겠지요?
슬로건은 한마디에 불과하지만 결제 라인을 거치고 거듭된 수정을 거쳐 만들어진다. 그런데 문장이 짧다는 이유로 중국어 번역을 부탁할 때 앉지도 않고 서서 "1분이면 충분하겠지요?"라고 묻는다. 번역 또한 창작이라는 것을 모르는 이는 의외로 많다.

15) 최정화 편, 앞의 책, 15쪽 참조.

◆ 연사의 스피드 - '비행속도'

국제회의에서 연설문의 분량이 좀 많다는 보좌진의 조언을 듣게 된 연사는 통역사와 한마디 의논도 없이 "치마와 연설문은 짧을수록 좋다고 하는데 제 연설문이 좀 긴 것 같습니다. 지금 당장 내용을 줄일 수는 없고 대신 최대한 빨리 읽어서 시간을 단축하려고 합니다"라고 운을 떼더니 그야말로 비행속도로 읽어 내려가기 시작한다. 동시통역이라는 것을 무시하고 그것도 릴레이 통역인데! 아무리 멋진 연설도 통역을 통해야만 전달이 가능하다는 사실을 간과하는 이가 의외로 많다.

◆ 음주 통역 단속

만찬통역을 하다보면 술이 오고가는 가운데 분위기가 고조되면서 통역사에게도 감사하는 마음으로 술을 권하는 경우가 있는데, 이럴 때 딱딱한 거절보다는 "음주통역 단속이 엄청 심하답니다"와 같은 우스개 소리로 통역 중에 술을 마실 수 없음을 우회적으로 표현한다.

◆ 즉석시 이야기

만찬 행사에 한 시인이 동석했는데 대표자가 계획에 없던 즉석시를 부탁했다. 통역이 이루어져야 하는데 자아도취에 빠진 시인은 도무지 끊지를 않는다. 어쩔 수 없어 통역사가 사인을 보냈더니, 시인 왈 : "끊으면 영감이 없어지는데 ……" 그럼 못 알아듣고 있는 손님은 어쩌란 말인가? 그리고 시인인 본인이 영감이 끊길까봐 우려되면, 시인도 아닌 통역사는 어떻게 즉석에서 '作詩'해야 할지 조금만 생각해주면 좋겠구먼!(통역 또한 창작이다)

◆ 질문과 주워듣기

해양경찰청의 전문통역은 주로 불법조업 내지 선박 충돌사고와 관련된 일을 다룬다. 워낙 전문성이 강한 용어가 많이 쓰여 중국어로나 한국어로나 모두 전달하기가 쉽지 않다. 이럴 때는 양측 당사자들의 대화를 들으면서 그 자리에서 바로 전문용어를 정리하고 또 모르는 것은 직접 물어보기도 한다. 물론 사전에 철저한 대비가 필요하지만 순발력 또한 대단히 중요하다.

◆ 통역사의 한마디로 깨질 뻔했던 양국교류

행사가 순조롭게 잘 진행되고 의전에 차질을 빚지 않게 하기 위해서는 사전에 방문 측의 지도자 또는 단장의 약력을 파악하는 것은 필수이다. 한번은 주최 측에서 상대측의 약력을 전해 받으려는 과정에서, 통역사의 의사전달이 명령식으로 비추어져 오해를 사게 되었다. 중요한 교류를 이끌어가기 위해 관계 당국이 심혈을 기울였는데 공든 탑이 무너질 위기에 몰린 것이다. 물론 나중에 해결사로 투입되어 마무리되기는 했지만 …… (통역은 마음의 전달이다)

◆ 한반도 핵무기가 초래한 실직

어느 기관의 전속 영어통역사의 이야기다. 한번은 핵무기 관련 통역을 하게 되었는데, 본인이 이 분야에 대한 지식이 부족하여 통역이 '기호 옮기기'식으로 되어 버리고 말았다. 결국 서로의 대화는 계속 빗나가고 문제는 전혀 해결되지 않았다. 이때 동석했던 재미교포 한 분이 통역사의 이해 부족으로 대화가 제대로 진행되지 못하고 있다면서 그만 하는 것이 좋겠다는 제안을 했다. 물론 통역사 소속 기관장의 체면과 기분은 말이 아니었고 당사자 또한 자존심에 상처를 입어 사표를 내게 되었다.

◆ 통역실력의 평가기준 - 웃음소리

통역을 하다보면 종종 재치 있는 농담으로 분위기를 살리는 연사들이 있는데, 그들은 언어 구사력 못지않게 언어에 대한 감각 또한 대단하다. 농담을 던졌는데 기대했던 효과가 없으면 통역사의 실력이 의심받게 된다. 웃음소리가 또 하나의 실력 평가기준이 되어 버리는 것이다.

번역[1]의 기본 구성은 이해와 표현이라고 할 수 있다. 번역을 할 때 이해는 빼 놓을 수 없는 필수적인 과정으로서 그 중요성은 더 이상 강조할 필요가 없다. 이해란 바로 언어의 심층구조로서 언어표현에 앞서 두뇌에서 형성되는 생각, 즉 직접 감지할 수 없는 추상적인 사유형태이다.

사람들은 말을 통해 심층구조를 외적형태인 언어 표현으로 전환시킨다. 이해를 표면적인 이해와 심층적인 이해로 나뉠 수 있다고 보는 시각도 있다. 그러나 표면적인 이해는 결코 이해가 될 수 없다. 보다 좋은 번역에서는 심층적으로 이해하려고 최선을 다한다. 그러나 아무리 이해가 중요하다고 하더라도 이해 자체만으로 번역의 사명을 완성할 수는 없다. 심층적인 이해를 정확히 전달하려면 그에 걸맞은 표현력이 뒷받침되어야 한다.

번역은 한 언어의 표면적 구조에 접근하는 것으로부터 시작하여 깊이 파고들어 심층구조를 찾아낸 다음, 다른 언어의 심층구조로 전환하고 그 언어로 표현하는 것이다. 따라서 번역은 전달하고자 하는 뜻과 더불어 양쪽 문화의 이해도 중시해야 한다. 번역 과정을 도식으로 표현해 보면 다음과 같다.

---

1) 번역: "뒤집고 바꾸기"(사전적 의미)

글이 통하지 않는 사람 사이에서 양쪽의 글을 바꾸어 전달해주어 그 뜻이 통하게 해주는 행위

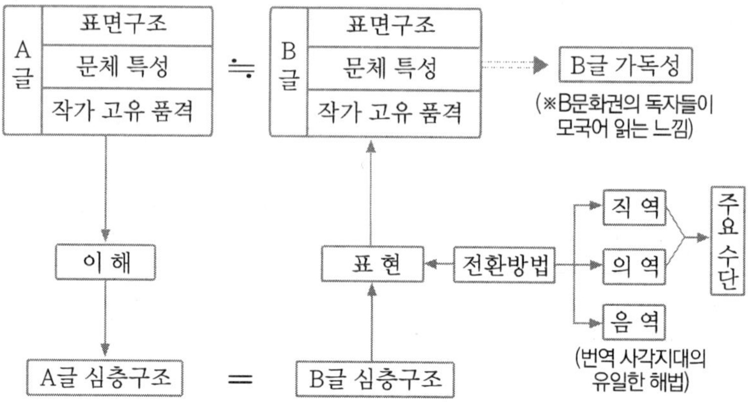

번역은 언어의 전환이다. 번역문은 원문이 함축하고 있는 뜻과 정서를 전달해야 한다.

한중번역에서 언어 전환 방식을 살펴보면 다음과 같다.

1. 심층구조가 같고 표면구조도 대체적으로 같다.

한국어에는 약 70% 정도의 한자어가 있다.

① 한자와 뜻이 모두 같은 경우
参观 참관, 农村 농촌, 茶 차, 基本 기본 등

② 한자는 같으나 뜻이 전혀 다른 상황
放心 : 방심하다(×) 안심하다(○)
出场费 : 출장비(×) 개런티(○)
(有)感情 : 감정이 있다(×) 정이 있다(○)
品质 : 품질(×) 성품(○)
早晚 : 조만간(×) 언젠가는(○)

表现 : 표현하다(×) 행동에 옮기다, 나타내다(○)

裁判 : 재판(×) 심판(○)

审判 : 심판(×) 재판(○)

毒酒 : 독주(×) 독이 든 술(○)

热心 : 열심히(×) 친절하다(○)

③ 한자는 같으나 여러 가지 뜻을 갖고 있는 경우

中学 : 고등학교와 중학교

经理 : 사장 또는 지배인 경리

说 :

他说 : 말하다

说他 : 꾸지람하다, 비난하다, 욕하다

没那个说 : 그럴 리가 없어

한중 한자어 비교(한자어 구조의 유형)

동형·동의의 한자어	동형·이의의 한자어[2]	동의·이형의 한자어[3]
家具 同志 顧客 등	放學 對象 毒酒 등	感氣 / 感冒 來日 / 明天 紹介 / 介绍

2) 한중 동형이의(同形異義)의 한자어

완전 이의어	부분 이의어	
放學 방학	對象 대상	毒酒 독주

3) 한중 동의이형(同義異形)의 한자어

형태소가 비슷한 것	형태소가 다른 것	형태소가 도치된 것
(한)感氣/(중)感冒	(한)來日/(중)明天	(한)紹介/(중)介绍

2. 언어 표현에서 유사한 사고방식이 의외로 많다.

猫哭老鼠假慈悲－고양이 쥐 생각

太阳要从西边出来了－해가 서쪽에서 뜨다

饿死了－배 고파 죽겠다

哎呀妈呀－엄마야

天啊－세상에

번역의 구분과 방법

번역은 일반적으로 문학번역과 실용번역으로 구분되는데, 이와 같은 번역 텍스트의 성격은 번역의 방법을 결정짓는 중요한 부분이다. 일반적으로 법률·경제·과학 등 정확성이 필요한 분야는 '직역'이 중시되고, 수필·소설 등 문학작품에서는 작가의 정서를 전달하는 것이어서 '의역'에 중점을 둔다.

텍스트의 성격에 따른 번역의 구분	
문학번역(문학성)	실용번역(전문성)

번역의 방법[4)]	
의역 중시	직역 중시
수필·소설 등 문학작품	법률·경제·과학 등

---

4) 비교문체론에서 본 7가지 번역의 방법(최정화 편, 앞의 책, 113쪽 참조)

1	2	3	4	5	6	7
차용	모사	대어역, 자구적 번역	전위	변조	등가	번안

한국어 문장을 있는 그대로 중국어로 옮겨 놓으면 부자연스럽거나 뉘앙스에 맞지 않는 경우가 너무 많다. 한국어 문장을 더 정확하고 자연스럽고 아름답게 옮길 수 있도록 하는 노력이 요구된다.

번역의 과정[5]		
1	2	3
이해	표현	교정
번역 준비 단계	글쓰기 시작하는 단계	교정 검사 탈고 단계

해석과 번역의 구분	
해석	번역
교육적 번역 (didactic translation)	진정한 의미의 전문적인 번역
어구나 문장의 뜻을 풀이하는 것 수업이나 혼자 공부하는 시간에 주어진 원문을 이해했는지 확인하는 방편으로 쓰인다	단순한 해석에서 한걸음 더 나아가 그 글을 읽는 독자까지 이해시켜야 하는 전문적인 작업

번역문의 분류[6]

科技翻译	新闻翻译	文学翻译
자연과학 논저 사회과학 논저 과학기술 문장 학술정보 등	뉴스보도 통신 사설 평론 단평 예술평론 방문기 외교문서[7] 등	소설 산문 시가 동화 우언 영화문학 희극문학 등

5) 张敏 편저, 『朝汉翻译教程』, 北京 : 北京大学出版社, 1992.9. 29~32쪽 참조.
6) 张敏 편저, 앞의 책, 9~20쪽 참조.

번 역		
필자의 의도를 옮긴다	중국어와 우리말의 차이에 유의한다	저자의 의도를 읽어낸다
직역을 피하고 의미를 옮긴다		

중한번역의 기법[8)]

1	2	3	4	5	6
순서 바꾸기	빼기	더하기	나누기	틀 바꾸기	의미 뒤집기
어구의 출현 순서를 바꿔 옮긴다	의미를 변형시키지 않는 범위 안에서 뺀다	원문에 없는 표현을 더 넣는다	문장이 너무 길어 의미 전달이 불분명해지지 않도록 나누어 쓴다	어구의 품사를 바꾸거나 문장 안에서의 기능을 바꾼다	주어진 표현의 반대쪽에 있는 의미를 가져다 옮긴다

7) 각서, 대외서한, 비망록, 외교성명, 조약, 강연 등을 포함한다.

8) 박종한 외, 『중한번역연습』, 서울: 한국방송통신대학교출판부, 2002.1. 15~25쪽 참조.

번역기법에 관한 몇 가지 예문[9)]

1. 한국어는 핵심정보(문장의 무게중심)가 뒤쪽에 나타나는 문법적 특성을 지니고 있다. 특히 주요 명사 앞에 복잡하게 수식어가 붙어 있다.

예 우리는 서로 사랑해야 할 형제다.(『두 그루의 오동나무』)
我们是**兄弟**，应该彼此疼爱才对。

예 그것은 여름철이 되면 **덕적도를 찾아오는 수많은 사람**들과 **부지런히 바다를 들락거리는 꽃게잡이 어선**들을 볼 수 있기 때문이다.(『밀물과 썰물』)
那是因为到夏天，可以看到**好多人到这来游玩**，还有好多**渔船来回穿梭，忙于捕蟹**。

2. 한국어에서는 부정문을 먼저 말하고 긍정문을 뒤에 말하는 것이 자연스럽다. 그러나 중국어는 반대일 경우가 많다.

예 이번에야말로 오줌독 따위가 아닌, 아름답고 소중한 그 무엇이 되기를 간절히 열망했습니다.(『항아리』)
这次真的渴望成为美好而珍贵的东西，**而不是尿灌**。

예 밀물은 어부들의 말을 통해 자기를 싫어하는 사람만 있는 게 아니라 좋아하는 사람도 있다는 것을 잘 알 수 있었다.(『밀물과 썰물』)
涨潮听到渔夫的话，知道了也有人喜欢他，并不**是所有的**

---

9) 정호승, 『항아리』, 서울 : 도서출판 열림원, 1999.10. 참조.

人都讨厌他。

3. 한국어에서는 누구인지 알고 있는 대상을 지칭하는 대명사는 생략하는 것이 일반적이다. 따라서 번역체 문장을 피하고 중국어다운 표현에 가깝게 하려면 번역문에서 주어 또는 목적어 주격 대명사를 넣어주어야 한다.

예 남쪽 가지가 그렇게 까지 자기를 미워하리라고는 미처 생각해 보지 못한 일이었다.(『네가 있어야 내가 있다』)
北边的树枝从没想过南边的树枝会这么讨厌他。

예 부모님에게 호되게 야단을 맞았지만 그들은 서로 사랑하는 마음을 어찌하지 못했습니다.(『상사화』)
虽然**他们**让父母大骂了一通，但这也无法抑制他们相爱的心。

4. 중국어에도 의성어나 의태어가 있지만 개수가 많지 않으며 사용하는 빈도도 우리말보다 낮다. 그래서 원문이 지닌 생동감을 생생하게 표현하기 쉽지 않다는 생각이 들며 그렇기 때문에 이에 맞는 동사를 선택하도록 해야 된다.

예 **두런두런** 사람들의 목소리와 발소리가 들리더니 폐허가 된 가마터에 사람들이 집을 짓기 시작했습니다.(『항아리』)
开始传来了说话声和脚步声。人们在已变成废墟的窑洞的遗址上，盖起了房子。

예 밀물은 고기 잡는 아이들이 너무 귀여워 아이들 가까이 **성큼** 다가갔다.(『밀물과 썰물』)

涨潮觉得抓鱼的孩子们太可爱了，于是冲着他们迈过去一步了。

예 "어허, 너무 많이 먹지 말라니까. 이제 그만 입을 다물어!"(『선인장 이야기』)
"不要叫你喝那么多嘛。现在马上要给我停下!"

5. 한국어와 중국어는 문장의 접속 방법이 다르다. 중국어에서는 접속사라는 별도의 독립된 품사가 그 기능을 맡고 있지만, 한국어에는 별도의 품사가 없으며 주로 활용 어미나 표현 뉘앙스가 그 기능을 대신 맡고 있다. 그러므로 우리말을 중국어로 옮길 때 적당한 접속사를 집어넣어 내용 전달이 잘되도록 해야 한다.

예 어른이 될 때까지 참고 기다리기는 싫었지만 그 날부터 어른이 되기를 기다렸습니다.(『비익조』)
虽然不愿等那么久，但从那天开始我还是盼望着成为大人。

예 간밤에 잠 한 숨 제대로 자지는 못했으나 머리는 무척 맑았다.(『동고동락』)
"乐"字虽一宿没睡好觉，可头脑还是特别清醒。

通飜譯 제1과

연설문

통역 사전 준비

1	2	3
교류기관 현황(준비)	연설자 약력(준비)	유인물 사전 번역

명확한 표현을 위한 3단계[1)]

<table>
<tr><td>연설문의 내용 파악</td><td>회의 관련 전반적인 상황 파악</td><td>회의의 흐름과 목적 파악</td><td>연설자 품위와 현장분위기에 맞는 언어를 구사한다</td><td>정확한 목적을 전달한다</td></tr>
<tr><th colspan="3">1</th><th>2</th><th>3</th></tr>
<tr><td colspan="3">연설자가 "말하고자 하는 바"를 정확히 파악한다</td><td>연설문의 표현 틀 영향에서 벗어난다</td><td>이해한 뜻을 바탕으로 자신 나름대로의 '연설'을 한다</td></tr>
</table>

1) 최정화 편, 앞의 책, 15쪽 참조.

연설문 1

① 한국어

축사[2)]

존경하는 ○○○ 회장님,

존경하는 ○○○ 외교통상부장관님, ○○○ 전 외교통상부장관님, 그리고 신사 숙녀 여러분 안녕하십니까.

무엇보다 먼저 한중수교 10주년 기념행사를 거행할 수 있도록 도와주신 한중우호협회에 진심으로 감사드립니다. 오늘 이 자리를 빛내주신 귀빈 여러분들은 모두 오랫동안 한중관계에 관심을 가지고 한중관계의 발전을 위해 커다란 기여를 하신 분들이십니다. 저는 이 자리를 빌려 여러분께 진심어린 경의와 감사를 표하고자 합니다.

오늘은 한중수교 10주년 기념일로서 잊을 수 없는 뜻 깊은 날입니다. 최근 한중양국에서는 중앙과 지방, 정부와 민간을 막론하고 제반 분야에서 한중관계가 뜨거운 이슈로 다루어지고 있습니다. 그 주요 내용으로서 첫 번째는 한중관계의 발전과정을 되돌아보는 것이고, 두 번째는 한중관계의 미래를 전망해 보는 것입니다. 10년 전, 한중양국의 지도자들은 멀리 내다보고 수교를 결정하여 한중관

2) 한중우호협회 "중한수교 10주년 기념리셉션"에서 ○○ 대사의 축사.

계의 새로운 장을 열었습니다. 10년 이래, 양국의 관계는 전반적인 발전을 거듭하여 왔습니다. 경제무역 분야에서 중요한 동반자가 되었음은 물론이고, 정치 분야에서도 상호 신뢰가 구축되었고 국제무역 분야에서도 교류와 협력이 이루어졌습니다. 이는 양국의 공동 발전과 번영, 한반도와 주변국 더 나아가 세계의 평화와 안정을 위하여 크게 기여한 것입니다. 1998년, 양국 지도자들은 21세기한중협력동반자관계 구축을 공동선언하였습니다. 2000년, 양국 지도자들은 또한 전반적인 발전을 통해 양국관계를 새로운 단계로 끌어올리려는 데 의견을 모았습니다. 이는 양국의 장기적인 안정과 건전하고 상호 신뢰할 수 있는 선린우호협력관계를 위해 방향을 제시해 주었습니다. 한중교류는 양국의 공동 관심사로서 보다 확고하고 광범위한 기반이 갖추어졌다고 말할 수 있습니다. 저희들은 한중관계의 미래에 대해 확신을 갖고 있습니다. 양국은 새로운 기회와 도전에 직면해 장기적인 안목으로 이해의 폭을 넓히고 신뢰와 우의를 돈독히 함으로써, 한중협력 동반자 관계를 보다 높은 단계로 발전시키는 데 주력해야 합니다.

여러분, 중국은 개발도상국으로서 자주적이고 독립적인 평화외교정책을 추진하고 있습니다. 20년 동안, 중국은 개혁개방정책을 실시함으로써 일련의 성과를 이루었습니다. 또한 한국은 물론 세계 각국과의 우호협력관계를 발전시키고 보완시킴으로써 괄목할만한 결실을 거두었습니다. 미래에 대해서도 확신을 갖고 전망해 봅니다. 중국은 전반적인 발전과 번영을 실현하기 위하여 아직도 가야 할 길이 멉니다. 주변 국가와 장기적인 선린우호협력관계의 구축은 중국이 일관되게 추진해온 정책입니다. 중국의 발전은 여러 나라에, 특히 주변국에 보다 많은 기회를 제공하고 폭넓은 발전 가능성을 제시할 것입니다. 중국의 발전은 평화와 발전 가능성을 확대해 나갈 것이며 아시아는 물론 더 나아가 세계 전반에 긍정적 역할을 할 것입니다. 한국의 지도자와 세계 여러 나라 인사들의 한중관계에 대한 객관적이고 긍정적인 시각에 찬사를 표합니다. 또한, 한국과 함께 한중양국의 공동 번영과 영원한 우의, 그리고 지역 내의 평화와 발전을 위해 지혜를 모으고 최선을 다하겠다는 말씀을 드리고 싶습니다.

여러분! 한중수교 10주년은 양국관계의 과거와 미래를 잇는 중요한 계기라고 봅니다. 저는 자리를 함께 하신 여러분께서 중국 그리고 한중관계에 지속적인 관심을 갖고 한중관계의 미래를 위해 지혜와 힘을 아끼지 않기를 바라는 바입니다.

끝으로 한중수교 10주년을 맞아 한중관계의 영원한 발전과 대한민국과 중화인민공화국의 무궁한 발전을 위하여, 그리고 ○○○ 회장님, ○○○ 외교통상부 장관님과 참석해 주신 여러분들의 만사형통과 옥체건강 및 가정의 행복을 위하여 건배 제의를 합니다. 건배!

② 중국어

贺词

尊敬的○○○会长,

尊敬的○○○外长, ○○○前[3)]外长,

女士们、先生们：

晚上好!

首先, 请允许[4)]我对韩中友协[5)]为中韩建交[6)]10周年举行庆祝活动表示[7)]衷心的感谢! 今天在此欢聚[8)]的各[9)]界宾朋[10)]都[11)]是多年来关心[12)]中韩关系, 为中韩关系发展做出积极贡献的功臣。我谨借主人的美酒, 向[13)]各位表示由衷

---

3) 前 qián, 전임, 전~. 前外长 : 전임 외교통상부장관.

4) 윤허하다, 허가하다.

允许 yǔnxǔ　　>　　许可 xǔkě (口语)

5) 韩中友协, Hánzhōngyòuxié, 한중우호협회.

6) 中韩建交, ZhōngHánjiànjiāo, 한중수교 : 1992년 8월 24일.

7)

表示 biǎoshì	表达 biǎodá
(주로 사상·감정을) 나타내다	(주로 태도·의견을) 나타내다

8) 欢聚 huānjù, 기쁘게 한자리에 모이다.

9)

每 měi (every)	各 gè (each)
개체들의 공통점 중시	개체들의 차이점 중시

10) 宾朋 bīnpéng, 손님과 친구, 귀빈.

11)

也 yě	都 dōu
빈도를 나타내는 부사 주어 뒤, 술어 앞에 둔다	범위를 나타내는 부사 '都' 앞에 나온 모든 성분을 포함

的敬意和感谢。[14)]

今天是中韩建交10周年纪念日，这是一个难忘[15)]的、意义深远的日子。最近一个时期，中韩两国从中央到地方[16)]，从官到民，各行各业[17)]的很多人都在谈论中韩关系这一热门[18)]话题。其中心内容，一是回顾中韩关系的发展历程，二是展望中韩关系的未来前景。10年前，中韩两[19)]国领导人高瞻远瞩[20)]、决策建交，揭开[21)]了中韩关系的新篇章。10年来，两国关系迅速、全面发展，不仅相互[22)]

---

12)

关心 guānxīn >	关怀 guānhuái
관심을 갖다	관심을 보이다, 배려하다, 보살피다

13) ~쪽으로, ~(을)향해.

往 wǎng	向 xiàng
어떤 방향으로 이루어지는 동작이나 행위를 수반한다	주로 동작이나 행위가 이루어지는 방향만 가리킨다
(이동)	向+사람+추상동사

14) 감사(경의)의 표현

对~表示衷心的感谢。	向~表示由衷的敬意和感谢。	为~深表感谢。

15) 难 nán~, ~하기 어렵다.

难忘	难听	难说	难看
잊을 수 없다	귀에 거슬리다	확신하기 어렵다	흉하다

16) 시간·장소의 범위

从 cóng (…开始 kāishǐ)	到 dào (~为止 wéizhǐ)
…부터 (시작해서 쭉) [기점]	~까지 [종점]

17) 行业 hángyè, 업무, 직업, 분야.

18)

热门 rèmén	冷门 lěngmén
인기 있는 분야	인기 없는 분야

19) '两'(liǎng)과 '二'(èr)

成为[23]重要经贸伙伴，而且在政治互信及地区和国际事务方面也进行了深入坦诚[24]、卓有成效[25]的交流与合作，为[26]两国的共同发展与繁荣，为韩半岛及本地区乃至世界的和平与稳定做出了积极贡献。1998年，两国领导人共同宣布向21世纪的中韩合作伙伴[27]关系。2000年，两国领导[28]又[29]一致同意将[30]这一关系推向全面发展的新阶

양사를 사용하지 않는 '年' '天' '点' 등의 명사 앞에 쓴다	일반적으로 양사 앞에서 '两'을 쓰고 '二'를 쓰지 않는다	양사가 도량형 단위인 경우 '二'와 '两' 모두 쓸 수 있다
两家 两天 两点	两个 两本 两件	二公斤/两公斤 二公里/两公里

20) 高瞻远瞩, 성어, gāo zhān yuǎn zhǔ, 멀리 앞을 내다보다, 식견이 넓다.

21) 揭开 jiēkāi, 열다, 올리다.

22)

互相 hùxiāng	相互 xiānghù
서로, 상호 술어·한정어로 쓰일 수 없다	상호의, 서로의 술어·한정어로 쓰인다

23)

成为 chéngwéi	变成 biànchéng
~으로 되다 (변한다는 의미를 강조)	~으로 변하다, 변하여 ~이 되다 (사람 사물이 원래 것과 달라짐)

24) 坦诚 tánchéng, 솔직담백하다.

25) 卓有成效, 성어, zhuó yǒu chéng xiào, 탁월한 성과를 거두다.

26) 为 wèi

(원인)~때문에	(목적)~을 위해
我为你生病。	你为谁学习?

27) 合作伙伴, hézuò huǒbàn, 협력 동반자, 파트너.

28)

领导 lǐngdǎo	领袖 lǐngxiù
지도자, 영도하다	지도자, 리더

29) 又 yòu, 반복된다는 '또'의 뜻, 이미 반복되어 확정성을 띤 동작, '첨가'의 의미.

30) 将 jiāng

段。这为两国发展长期稳定、健康互信的睦邻友好[31)]合作关系指明了方向。可以说，中韩友好在两国已深入人心[32)]，具备广泛而牢固的基础。我们对中韩关系的未来充满[33)]信心。面对新的机遇和挑战，两国应[34)]以长远的眼光，进一步增进理解[35)]、加强信任与友谊，大力推动中韩合作伙伴关系向更高阶段发展。

朋友们，中国是个发展中国家[36)]，中国奉行独立自主的和平外交政策。20多[37)]年来，我们坚定不移[38)]地[39)]执行改

부사	동사	전치사
곧, 앞으로	가지다, 쥐다	~을 어떻게 하다, = 把

31) 睦邻友好, mùlín yòuhǎo, 선린 우호

32) 深入人心, 성어, shēn rù rén xīn, 사람의 마음속 깊이 파고들다.

33)

充足 chōngzú	充满 chōngmán	满足 mǎnzú
충족하다	가득 차다, 충만하다	만족하다, 만족시키다

34) (마땅히)~ 해야 한다.

yīng	yīnggāi	yīngdāng	gāi
应 (서면어)	(也) + 应该 / 应当 (서면어)(구어)		(又/也) + 该 (구어)

35) 자세하게 잘 알다, 이해하다.

了解 liǎojiě	理解 lǐjiě
어떤 상황에 대하여 자세히 알다(구어) 알아보다, 조사하다 '打听'	사람의 심경이나 도리·이치 등을 이해하다(서면어), 양해하다 '原谅'

36)

发展中国家 fāzhǎnzhōngguójiā	发达国家 fādáguójiā
개발도상국	선진국

37) 多 duō

숫자+多 : 그 수를 초과했음을 나타낸다
숫자+ 多 + [양사] + [명사] / [양사] + [명사] + 숫자 + 多

38) 坚定不移, 성어, jiān dìng bù yí, 변함없다, 확고하다.

39) 구조조사 '地'(de)

革开放政策，取得了一些[40]成就，其中也受益于与包括[41]韩国在内的世界各国开展友好合作，取长补短[42]。关于今后，至少[43]有几点是肯定[44]的：中国要实现全面发展与繁荣，还有很长的路要走。与周边国家发展长期睦邻友好合作关系将是中国长期奉行的既定方针；中国的发展，只会给各国特别是周边国家创造更多的机遇，提供更广阔的外部发展空间；中国的发展是和平与发展力量的增长，对亚洲、对世界都是积极的建设性因素。我们赞赏[45]韩国领导人和各界朋友以客观、积极的态度看待中国和中韩关系，愿意[46]与韩方一道，为积极促进中韩两国的共

'地'를 쓰는 경우	'地'를 쓰지 않는 경우	'地'를 쓸 수도 있고 생략도 가능한 경우
大家注意地听着。	这次考试终于成功了。	他慢慢儿(地)过来了。

40) 좀, 약간.

一点(儿) < 一些 yīdiǎn(r) yīxiē	一下(子) < 一会(儿) yīxià(zi) yīhuì(r)

41)

包括 bāokuò	包含 bāohán	总括 zhǒngkuò
포괄하다	포함하다	총괄하다

42) 取长补短, 성어, qǔ cháng bǔ duǎn, 장점으로 단점을 보충하다, 서로 보완하다.

43)

至多 zhìduō	至少 zhìshǎo
최대한	적어도

44) 틀림없다, 어떤 일에 대해 직접적으로 인정하다.

一定 yīdìng < 肯定 kěndìng
강한 확신

45) 赞赏 zànshǎng, 찬상하다, 잘한다고 칭찬하다.

46) 愿意 yuànyi, 기원동사, (마음이 내켜서) ~하기를 바란다.

同繁荣与世代友好，推动韩半岛和平进程，实现本地区和平、稳定与发展，共聚智慧，竭诚尽力[47]。

朋友们！中韩建交10周年是两国关系承前启后[48]、继往开来[49]的重要契机。我相信并希望[50]在座的各位朋友会继续关心中国，关心中韩关系，欢迎大家继续为中韩关系长远发展献计献策[51]，贡献力量。

最后，我提议：

为庆祝中韩建交10周年，

为中韩关系的长远发展，

为大韩民国和中华人民共和国的繁荣昌盛[52]，

为○○○会长、○○○外长以及在座全体[53]朋友的工作顺利[54]、身体健康、家庭幸福，干杯！[55]

---

47) 竭诚尽力, jiéchéng jìnlì, 성의를 다하여 진력하다.

48) 承前启后, 성어, chéng qián qǐ hòu, 지나간 것은 이어받고 앞날의 것은 창조해나가다.

49) 继往开来, 성어, jì wǎng kāi lái, 지난날의 것을 이어받아 앞길을 개척하다.

50)

希望 xīwàng	盼望 pānwàng
실현될 수 있는 것과 실현될 수 없는 것 어느 것에도 쓸 수 있다	실현되기를 바라는 것에 대한 기대를 나타낸다

51) 献计献策, xiànjì xiàncè, 계책을 올리다, 방책을 내놓다, = 献计定策.

52) 繁荣昌盛, fánróng chāngshèng, (국가가) 번영하여 기세 좋게 발전해 나가다.

53) 全体 quántǐ

全 + 집체명사, 全班 全国 全世界 …	全体 + 구성원을 가리키는 명사

54)

顺便 shùnbiàn	顺利 shùnlì	顺手 shùnshǒu
~한 김에	순조롭다	순조롭다, ~한 김에

55) 为 wèi ~ 干杯 gānbēi, ~을 위해서 건배!

연설문 2

① 한국어

한국 ○○대학교 명예박사학위 수여식에서
○○○ 현장의 인사말씀

존경하는 이사장님, 총장님, 대학원장님, ○○시장님 그리고 자리를 함께해주신 귀빈 여러분과 ○○대학교 교직원 여러분! 안녕하세요.

천고마비의 계절에 ○○대학교에서 경영학 명예박사학위를 받게 된 것을 대단히 영광스럽게 생각합니다. 아울러 이 자리를 빌려 ○○○ 교수님에게 진심어린 감사를 드립니다. ○○○ 교수님께서 설립자인 고 ○○○ 박사님과 쌓아온 우정이 밑거름이 되어, 오늘날 ○○○ 교수님의 추천이 가능했고, 또 이에 따른 이사장님, 총장님, 대학원장(경영대학원) 그리고 교직원 전원의 배려 덕분에 제가 지금 이 자리에 설 수 있게 되었다고 생각합니다.

1991년 고 ○○○ 박사님께서 「세상을 밝게 비추는 우수한 인재 양성」을 목표로 ○○대학교를 설립하셨습니다. 개교 초 10개 학과 400명의 재학생으로 시작하여 20여년의 노력을 거쳐 현재 8개 학부와 43개의 전공, 8,000여명 재학생으로 거듭났습니다. 80만평의 캠퍼스에 2동의 건물로 시작해 현재 25동의 건물로 늘어났으며, 졸업생 취업률 또한 86.8%로 전국 2위에 올랐습니다. 여러분들의 학교 운영을 위한 헌신적인 노고가 여기에 고스란히 담겨져 있다고 생각합니다. 눈앞에 펼쳐진 수려한 캠퍼스에서 고품격의 인재 양성을 위한 교육이 역동적으로 이루어지고 있음을 실감할 수 있습니다. 여기서 독서하며 공부할 수 있다는 것은 더 없는 행운이라고 생각하면서 본인이 ○○ 가족의 일원으로 된 것을 무한한 영광으로 간직하겠습니다.

저는 대만 도원현 출신으로 2001년 도원현장에 당선되었습니다. 도원현은 대만 제2의 행정도시로서, 연간 집행 예산은 14억 달러에 달합니다. 지금으로부터 6년 전, 제가 도원현장이라는 중책을 맡게 되었을 때, 도원현은 3.3억 달러에 달하는 엄청난 재정적자와 5.6억 달러에 달하는 부채를 안고 있었습니다. 재정난의 근본 해결책은 '養鷄生蛋(닭을 키워 알을 낳게 한다)'에 있음을 간파하고 투자여건을 개선해나가며 다양한 투자유치 대책을 마련함과 동시에 현 정부의 행정 효율성을 강화하고, 공조직의 이행능력의 중요성을 부각시킴은 물론 '적극적인 서비스' 정신을 고취시키고, 제반 법규에 대한 대대적인 개정을 거쳐, 업무처리 시간을 단축시키는 등의 조치를 통해 보다 많은 업체들의 투자유치를 성공적으로 이끌어냈습니다.

지난 6년 도원현은 인구 175만 명에서 200만 명 가까이 늘어났으며, 2천여 개 업체를 유치하여 전국 20%를 차지하는 연간 GDP 727억 달러를 달성함으로써 대만 경제의 1위에 우뚝 서게 되었습니다. 하이테크산업이 없던 도원현이 지금은 4개의 반도체 업체, 12개의 solarpanels(광전열판)업체 등 하이테크산업이 입주해 있습니다. 화이트칼라 계층이 없던 도원현이 많은 기업들의 진출함과 더불어 무에서 유를 이루어내고 있습니다. 이런 노력의 결실로 도원현민들의 가슴에 도원현민이라는 자부심으로 가득 차 있습니다. 현재 대만 경제의 창구 역할을 하는 도원현은 22개의 공업단지와 전국에서 유일한 항공화물운송자유무역항과 4개의 국립대학교, 8개의 사립전문대학, 9개 넘는 국제수준의 연구기관과 풍부한 상공시스템을 소유하고 있음은 물론 전국 5대 지역에서 인구성장이 가장 빠른 도시로 자리매김하고 있습니다.

현민들이 가장 바라는 현장은 아마 업무처리능력이 뛰어나고 현정 발전에 최선을 다하며 현민에게 좋은 주거환경을 마련해주고 미래를 전망하면서 민심을 읽는 현장일 것입니다. 의심할 바 없이 기업의 CEO처럼 현민들의 이익을 최대화하는 것이 가장 인정받는 현장이 될 것입니다. 상대적인 측면에서 볼 때 현장이 갖춰야 할 것은 현 지도부와 관리 부서를 잘 이끌 수 있는 리더십입니다. 따라서 인사관리, 리더통솔력 심지어 재정관리 등 다분야에 걸쳐 일가견이 있어야 하며 그렇지 않을 경우 현정운영은 공중누각이나 다름없을 것입니다.

현 지도부 또는 개개인 모두에게 나는 '이행능력'을 요구합니다. 말만 앞서거나 계획만 세우고 이행하지 못하는 빈말행정으로서는 현민들의 인정을 절대 받을 수 없습니다. 물론 청렴과 원칙이 도원현민과의 신뢰 구축에서 현 지도부의 빼 놓을 수 없는 덕목입니다. 현 정부 지도부의 이미지화와 인사 방면에서 다음의 원칙을 고수합니다.

1. 인사에 있어서 청렴과 원칙을 가장 우선시하며 갖춰야 할 필수 조건으로 한다.

2. 정부에 민간 전문가를 영입하여 기업관리 마인드를 전수 받는다.

3. 여성간부를 선발하여 여성 특유의 장점을 살려, 현정에 세심하고 부드러운 이미지를 부각시킨다. 기존 현 정부 1급 담당관 중 여성이 3분의 1선을 넘는다.

4. 유능하고 젊은 간부들을 많이 발탁함으로써 고정관념을 바꾼다.

5. 현 정부의 주기적인 인사발령을 통해 적재적소의 인사배치를 모색한다.

6. 타 시현과의 교류 활성화를 통해 현정경험을 전수하고 배운다.

오늘 저는 도원현의 현정 운영성과에 따라 ○○대학교의 사랑과 경영학 박사학위를 한꺼번에 받게 되었습니다. 이 영광과 기쁨을 자리에 계시는 모든 분과 함께 하고 싶습니다. 그리고 이를 계기로 양국 정부 및 민간 간의 교류가 활발히 이루어짐으로써 양국 국민의 우의도 더욱더 돈독해지기를 진심으로 기원하는 바입니다. 끝나지 않는 연회가 없듯이 이 수여식도 곧 끝나겠지만 우리 양측의 지속적인 교류는 지금부터가 시작이라고 봅니다. 감사합니다.

② 중국어

○○○县长授颁韩国○○大学荣誉博士学位

致词

理事长、总长、大学院院长、○○市市长、○○市教育长、在座的各位贵宾以及○○大学全体教职员大家好！

在这个秋高气爽[56]的季节，能够来到○○大学授领经营学荣誉博士学位，本人[57]感到非常的高兴与荣幸，同时也要特别感谢○○○教授与创办人○○○博士长期的友谊，通过○教授的推荐以及理事长、校长、大学院(管理学院)院长和全体教职员的协助，让[58]我有这个机会站在这里与大家见面[59]。

1991年，○○○博士为了[60]「培育照耀世界光明之优秀

---

56) 秋高气爽, 성어, qiū gāo qì shuāng, 가을하늘은 높고 기분은 상쾌하다.

57) 本人 běnrén, '自己'와 비슷하다, 특히 구체적인 사람을 강조하여 나타낼 수 있다.

58) 让 ràng, 추상적인 어떤 동작을 하도록 명령하는 경우보다 구어에서 구체적인 동작을 나타내는 경우에 자주 쓰인다.

59)

见面 jiànmiàn	见到 jiàndào
뒤에 목적어를 가질 수 없다 见面 (동사 + 목적어) 见面你，我感到很高兴。(×)	뒤에 목적어를 가질 수 있다 见到你，我感到很高兴。(○)

60) 为了 wèile, ~하기 위해서, 행위의 목적, 为了 +술어+목적어 '为'를 '给'이나 '替'로 바꿀 수 있는 문장에는 '为了'를 쓸 수 없고 '为了'를 쓸 수 있는 곳은 모두 '为'로 바꾸어 쓸 수 있다.

为＋원인(○) / 为＋목적(○)	为了＋목적 (○)
爲＋수익자 (○)	爲了＋수익자 (×)

人才」而创立了「○○大学」。从[61]创校之初只有10个科系和400名学生，经过[62]20多年的努力[63]，目前已增加到8个学院、43个科系和1万余名学生。学校面积超过80多万坪，建筑物亦由[64]原来的2栋，增加到25栋，学生就业率也超过93%，成为全国最高，这在在[65]显示学校办学之用心与努力。看到学校拥有[66]这么美丽的环境，一定[67]可以培育出最优秀的人才与最高尚的品格，在这里读书和学习绝对是一件非常美好的事情，今天正式成为○○大学的一分子，让我感到与有荣焉。

---

61)

从 cóng	在 zài
주로 동작이 진행되는 기점을 나타낸다	주로 동작이 진행되는 장소를 나타낸다

62)

经过 jīngguò	通过 tōngguò
(동사) 어떤 과정을 거쳐 어떤 결과에 도달하는 것을 나타낸다	(전치사) 어떤 사람이나 사물을 매개나 수단으로 어떤 목적에 도달하는 것을 나타낸다
일의 과정을 강조	방법이나 수단을 강조

63)

努力 nǔlì	尽力 jìnlì
힘을 들여 하다 (과정에 중점을 둔다)	모든 힘을 다하다 (결과를 가리킨다)

64) 由 yóu

~로 인하여	원인이나 근원(발전과정)	~으로(방식)

65) 在在 zàizài, 도처에, 어디든지.

66)

具有 jùyǒu	含有 hányǒu	拥有 yǒngyǒu
구비하다	함유하다	보유하다

67) 一定 yīdìng

태도가 매우 단호함	주관적 소망이나 희망에 대한 추측
1인칭	2인칭, 3인칭
一定 + (要 / 能 / 会) + 동사/형용사	

我来自[68]台湾桃园，2001年当选桃园县县长。桃园县是台湾第二大的行政区，每年执行的年度预算超过14亿美金[69]。当六年前我接下桃园县长这个重任时[70]，发现桃园县财政赤字甚为[71]严重，年度财政缺口高达3.3亿美金，举债[72]总额更达到5.6美金。我们体认[73]到财政问题的根本在「养鸡生蛋」，因此[74]改善[75]了投资环境，并[76]执行诸多招商的方案，县府提升行政效率工作上，除了强调执行力在公部门的重要性之外[77]，我们也落实「主动服务」

---

68) 自 zì, 시간 장소 범위의 기점, 과거 현재 미래 시간의 기점, 일부분의 동사 뒤에 쓰인다.

69) 美金 měijīn, 美元 měiyuán, 미국 달러(dollar), = 美圆.

70) 어떤 일이 발생한 바로 그 시간이나 그 장소를 가리킨다. '当'(dāng)뒤에 사건의 내용이 있어야 하고 시간사만 있어서는 안 된다.

当~时	当~之前/以前	当~的时刻/时期
~할 때	~하기 전에	~한 때 / ~한 시기에

71) 甚为 shēnwéi, '十分' '非常'의 뜻으로 서면어에 쓰이며 뒤에는 보통 이음절어가 온다. = 甚是.

72) 举债 jǔzhài, 빚을 내다, 빚을 지다.

73) 体认 tǐrèn, 체득(하다), 이해(하다), = 体会.

74)

因此 yīncǐ	于是 yǔshì
인과관계 강조. 앞에서 말한 원인에서 얻은 결론(결과)을 나타낸다 因为/由于+因此	전후관계 중시. 뒤의 일이 앞의 일로 말미암아 바로 이어서 일어남을 나타낸다. 보통 단독으로 쓰인다

75)

改进 gǎijìn	改善 gǎishàn
개진(하다)	개선(하다)

76) 并 bìng, '및' '또'의 뜻, '并且'와 서로 혼용할 수 있다. '并且'는 '而且'의 의미도 갖고 있다.

77) 除了 chúle ~ 之外 zhīwài

除了 A 之外, B 也 : A 외에 B도, A에다 B를 보충
A, B 모두 어떤 일을 하고 있거나, 모두 어떤 상태에 처해 있는 것을 나타낸다 [주로 명사 혹은 명사구]

的精神，松绑了非常多的法令、缩短了申请时间，让[78]很多的科技大厂，用最快的速度，让他能够来桃园投资。

在[79]过去这六年来，桃园县从人口175万人，增加到接近200万人，吸引新进厂商[80]2千多家进驻，每年创造超过727亿美金产值[81]，占全国20%，并荣居全台湾之冠。桃园从过去没有高科技[82]产业，到目前拥有4座半导体厂、12座光电板厂等高科技产业；从没有白领阶级[83]，发展到许多企业总部的进驻，这些都是桃园「从无到有」[84]的证明。因此我们努力的许多成果让民众认为[85]：身为桃园县民是光荣的！现在，桃园是台湾经济的橱窗[86]，拥有22

---

78) 让 ràng

양보하다	시키다	당하다
让一让	(사역)	(피동)

79) 문두에서 시간을 나타내는 단어결합을 이룬다.

当 dāng	在 zài
주술적 단어결합이나 동사구 앞	(제한 없음)
(쓸 수 없음)	시간을 나타내는 단어나 수식적 단어결합 앞

80) 厂商 chǎngshāng, 제조업자, 메이커.

81) 产值 chǎnzhí, 생산고, 생산액.

82) 高科技 gāokējì, 하이테크.

83) 白领阶级, báilíngjiējí, 월급쟁이, 임금생활자. 白领 : 화이트칼라(white-collar), 사무직 근로자.

84) 从无到有, cóng wǔ dào yǒu, 없던 데서 생겨나다, 무에서 유, = 从无生有.

85) 어떤 상황에 대한 판단이나 생각을 나타낼 때 쓴다. "~라고 여기다"

以为 yǐwéi	认为 rènwéi
판단이나 생각이 빗나가 틀렸을 때 주로 쓴다 "~인 줄 알았다"	객관적 상황을 통한 판단이나 생각 "~라고 인정하다"

个工业区、全国唯一首座航空货运园区自由贸易港、4所国立大学、8所私立大专院校、9所以上的国际级研究发机构，丰富的工商资源、也让桃园县成为全国五大都会区中人口成长最快的县市。

民众最想要的县长当然是一个具有行政能力、致力于县政建设、建构民众良好生活环境、规划[87]县政远景、体察民意的县长，当然如果能像企业的CEO创造县民最大利益，应该[88]是最受欢迎的县长。相对的，县长要带领旧思维心态的县政团队，管理的专业是绝对必要的，包括人事管理、领导统御，甚至[89]财务会计等，都必须具有独到之见解，否则县政的空转是极有可能[90]发生的。

---

86) 橱窗 chúchuāng, 진열장, 진열대.

87)

计划 jìhuà	规划 guīhuà
계획하다	기획하다, 계획하다

88)

必须 bìxū	应当 yīngdāng / 应该 yīnggāi
(부사) 일반적으로 융통성이나 변경을 요구하지 않으며 "꼭 ~여야 한다"는 뜻을 나타낸다 공식적인 글, 단체의 결의, 국가 법령 등에 많이 쓴다	(능원동사) 이치나 도리상 그렇게 할 것을 요구하며 "마땅히 ~여야 한다"는 뜻을 나타낸다 흔히 타이르거나 권고할 때 쓴다

89) 甚至 shènzhì, 더욱이, 더 나아가서는, (접속사) 병렬성분의 마지막 항목 바로 앞에 써서 그것이 더욱 두드러짐을 나타낸다.

90)

可能 kěnéng	可 kě
가능 · 추측	강조
(형용사 혹은 부사) 가능하다, 아마도 아마~일 것이다, ~일 가능성이 있다	(부사) 정말로, 절대로 구어에 많이 쓰인다

不论[91]是县政团队或甚至于[92]个人，我强调的是「执行力」，光[93]说不练或是规划一堆等各种形式的空谈，是无法[94]为县民所[95]认同的，当然清廉与操守更是身为桃园县执行政团队必须严守的特质，才能为县民所支持所相信。

县府行政团队之形塑及用人有以下几[96]个原则：

一、以「廉洁操守[97]」为用人首要考量，这是最基本的要求。

二、引用民间专业人员进入县府，导入企业管理新观念。

三、拔擢女性主管，发挥女性特质，让县政工作展现关怀[98]与柔和的一面，现有县府一级主管女性即超过三分

---

91) 不论 bùlùn, ~에도 불구하고, ~에 관계없이, '无论' '不管'과 의미는 같으나 주로 서면어에 쓰인다.

92) 甚至于 shènzhìyú, 심지어, ~까지도, ~조차도, ~마저, (부사) 어떤 일이 두드러져 있음을 나타낸다. = 甚至.

93) 光 guāng, 다만, 오직, 일정한 범위의 한계를 나타낸다, 주로 구두어에 쓰인다, = 只, 仅仅.

94)

~할 수가 없다	~하기 어렵다	
无法 wúfǎ	没有办法 méiyǒu bànfǎ	难以 nányǐ

95) 所 suǒ

所+동사	被/为~所	所~的
명사성 어구	피동	문장성분

96)

几 jǐ 몇	多少 duōshao 몇, 얼마나
几+수사 / 수사+几 수사 앞, 뒤에 사용 가능	多少 + 亿 / 万 亿 万 앞에만 쓰인다

97) 廉洁操守, liánjié cáoshǒu, 청렴결백한 자질・품행.

98)

关怀 guānhuái	爱护 àihù	爱戴 àidài
(사람) 배려하다	(사람・사물) 아끼다	(사람) 추대하다

之一

四、提拔新世代的年轻主管，突破传统的旧观念思维。

五、县府内部主管的论调，使每个人适才适所。

六、与其他县市间的人才交流，恢宏县政经验的传承。

今天我以治理桃园县的成绩得到○○大学的青睐[99]而获领经营学荣誉博士学位，这份荣耀与喜悦我诚挚的希望与在座的各位分享，我希望透过这次的契机，能够增加两国政府与民间的互动，深化两国人民长久以来所累积的情谊，天下没有不散的筵席，等一下典礼会结束，但未来我们双方持续的互动交流才正要开始。谢谢大家!

99) 青睐 qīnglái, = 青眼.

중요시하다	호의를 표시하다	보살펴주다

通翻譯 제2과

시나리오

1. 국제심포지엄 시나리오

① 한국어

2008 발효한약 국제심포지엄 진행 시나리오

순서	○○○	○○○	비고
사회자 소개 및 일정안내	안녕하십니까? 오늘 사회를 맡은 ○○대학교 한방식품영양학과 교수 ○○○입니다. 그리고 저희 대학교 중국어학과 ○○○ 교수께서 개회식의 한중통역을 해 주시겠습니다. 중국, 대만, 일본 등 해외에서, 그리고 국내 원근 각지에서 이 자리에 참석해 주신 여러분께 감사드립니다. 소지하고 계신 휴대전화는 진동으로 해 주시거나 꺼주시면 감사하겠습니다. 오늘의 일정에 대한 안내말씀을 드리겠습니다. 1부 개회식에 이어 기념촬영이 있고, 이	한중 통역	입장자 선정

	어서 2부 논문발표가 있겠습니다. 오전 논문발표가 끝나면 이 건물 지하 1층 교직원 식당에서 점심식사를 하시면 됩니다. 심포지엄 등록증, 즉 명패를 보여주시고 국내 참가자(한국인)는 식권을 같이 내주시면 식사를 하실 수 있습니다. 발표 시에 이해를 돕기 위해 모든 발표는 순차통역이 있습니다. 영어권 참석자가 적은 관계로 한국어와 중국어 위주로 진행됨을 양해해 주시기 바랍니다.		
개회선언	지금부터 「제2회 발효한약국제심포지엄(東方醱酵生藥國際學術研討會)」을 시작하겠습니다.		
내빈소개	이어서 내빈소개가 있겠습니다. 공동주최기관인 ○○시에서 ○○○ 시장님 오셨습니다. 공동주최단체인 ○○대학교에서 ○○○ 총장님 오셨습니다. 주관단체인 한방특화도시지원협의회에서 ○○○ 회장님 오셨습니다. 공동주관단체인 한중일생약발효학회에서 수석회장인 ○○○ 교수님 오셨습니다. 국외 협조단체인 중국 ○○공업대학교에서 생물환경공정대학 ○○○ 교수님과 ○○○ 학장님 오셨습니다. 일본에서 ○○대학교 생명환경학부 부장이신 ○○○○ 교수님 오셨습니다. 대만에서 대만식품공업발전연구소 생		

	물자원보존연구센터 ○○○ 소장님 오셨습니다. 본 행사를 위하여 후원해주신 대한한의사협회를 비롯한 여러 협회, 학회, 기업체에서도 대표로 오셨습니다. 시간 관계상 내빈 모두를 소개해 드리지 못함을 양해 바랍니다.		
경과보고	이번 제2회 발효한약국제심포지엄이 있기까지의 경과를 간단히 말씀드리겠습니다. 1998년 프랑스에서, 2000년과 2004년 중국에서 '醱酵生藥 紅麴'이라는 한약재를 주제로 심포지엄이 있었고, 이번에 그 연장선상에서 醱酵 紅麴, 醱酵 人蔘, 醱酵 七葉膽, 冬蟲夏草, 乳酸菌 등 범위를 확대하여 '醱酵한약'이라는 주제로 '韓中日生藥醱酵學會'가 중심이 되어 중국 ○○工大의 협조로 작년에 한국에서 처음으로 개최한데 이어 올해로 두 번째 개최하게 된 것입니다. 또한 이번 심포지엄은 ○○○ ○○시장님의 ○○한방산업을 발전시키려는 적극적인 의지와 ○○○ ○○대학교 총장님의 많은 도움 덕분에 개최된 것이며, 올해부터 2010년 ○○국제한방바이오엑스포(○○國際韓方生物博覽會) 조직위에서 본 심포지엄을 공동 주최하게 된 것임을 아울러 말씀드립니다.		
개회사	다음에는 ○○시 ○○○ 시장님의 개회사가 있겠습니다.		

인사말	다음에는 ○○대학교 ○○○ 총장님의 인사말씀이 있겠습니다.		
축사(1)	다음에는 주관단체인 한방특화도시지원협의회 ○○○ 회장님의 인사말씀이 있겠습니다.		
축사(2)	다음에는 협조단체인 중국 ○○공업대학교 ○○○ 총장님의 축사를 ○○○ 학장께서 대독하시겠습니다. 사정상 총장님께서 참석치 못하게 된 것을 양해 바랍니다.		대독자 성명 및 직위: ○○ 공대 ○○○ 학장
기념촬영	다음에는 내외 귀빈을 모시고 기념촬영을 하도록 하겠습니다. 오늘 발표하실 분, 좌장, ○○시, 생약발효학회, ○○대학교 관계자 분들은 단상 앞으로 나와 주시기 바랍니다. 방청객께서는 잠시 동안 다과를 드시면서 휴식하시면 되겠습니다.		
오전 주제발표 (4편)	2부 순서를 시작하겠습니다. 오전 주제발표는 ○○대학교 ○○○ 교수님께서 좌장을 맡아 수고해 주시겠습니다. ○○○ 교수님, 부탁드립니다. (중한순차통역은 ○○○ 전문통역사가 맡고, 한중순차통역은 ○○대학교 중국인 유학생 ○○○ 대학원생이 맡겠습니다.)		발표자 약력 소개
중식 안내	점심은 이 건물 지하 1층 교직원 식당에서 하시면 됩니다. 국내 참가자(한국인)는 식권을 내주시면 되겠습니다.		
오후 주제발표	오후 주제발표는 ○○대학교 ○○○ 교수께서 좌장을 맡아 수고해 주시겠습니다.		발표자 약력 소개

질의응답	20분간 질의응답 시간을 갖겠습니다. 오늘의 주제 발표내용과 관련하여 궁금하신 사항이나 조언을 주실 분은 말씀하여 주시기 바랍니다.		무선 마이크 (청중 질문용)
공지사항	한방특화도시지원협의회의 ○○○ 회장께서 공지사항을 알려드리겠습니다.		
폐회사	마지막으로 늦게 오신 분들을 위해 잠시 기념촬영이 있겠습니다. 기념촬영이 끝나면 ○○리조트로 이동하실 분들은 밖에 대기 중인 ○○리조트 셔틀버스에 탑승해 주시기 바랍니다. 기념촬영하실 분은 모두 단상으로 올라와 주시기 바랍니다. 이상으로 본 행사를 모두 마치겠습니다.		

② 중국어

2008东方发酵生药国际学术研讨会议程

议程[1]	○○○	○○○	备注
介绍主持人及日程安排	大家好！ 我叫○○○, 在○○大学校韩方食品营养系任教, 今天由[2]我来主持本次研讨会。[3] 这位是我校中文系老师, 叫○○○, 担任主持会议的韩中翻译。 首先向来自中国、台湾、日本等地的海外嘉宾, 以及来自韩国各地的国内嘉宾[4], 表示由衷的感谢![5] 拜托各位把手机[6]关掉或者转换为震动模式。谢谢合作。 现在向大家介绍一下[7]今天的日程安排。 第一场安排了开幕典礼及拍摄纪念照[8], 第二场进行论文发表。 上午的论文发表结束之后, 可在本楼地下一楼教职员工食堂用餐。 用餐时请出示本会的登记证, 也就是名签即可, 国内与会代表[9](韩国人)可使用餐券。 上午发表结束之后, 进午餐之前, 全体工作人员要留下来合影[10]。 为方便起见[11]所有[12]发表要按[13]连续传译[14]的形式进行。[15] 因英语使用圈的	韩中翻译	确定与会者

	人较少的缘故，翻译语言只限于韩国语和中国语，望[16]能见谅。		
宣布开会	现在正式开始举行第二届东方酸酵生药国际学术研讨会。[17]		
介绍与会代表[18]	接下来[19]介绍国内外嘉宾。 联合主办单位[20]○○市○○○市长光临。[21] 联合主办单位○○大学○○○校长。 主管单位韩方特化城市支援协会的○○○会长。 联合主管单位韩中日生药发酵学会的首席会长○○○教授。 国外合作单位中国○○工业大学生物环境工程学院○○○教授和○○○学长。 来自日本○○大学生命环境学院副院长○○○○教授。 来自台湾食品工业发展研究所生物资源保存研究中心的○○○所长。 还有为此次活动给予赞助的大韩韩医协会为首的若干个协会和学会，以及企业代表也来到此。 因为时间关系[22]不能一一作介绍，请见谅。		
介绍发展经过	现在要给大家简单地介绍一下召开此次第二届东方发酵生药国际学术研讨会发展经过。 1998年在法国召开，2000年和2004年在中国以‘酸酵生药红麴’为主题召开了研讨会，此次把其范围扩大到酸酵红麴，		

	酸酵人蔘, 酸酵七叶胆, 冬虫夏草, 乳酸菌等以'酸酵生药'为主题, 在 '韩中日生药酸酵学会'的带动和中国○○工大的相助下, 去年在韩国首次召开, 相継今年在韩国再次得以召开。 还有此次研讨会能够召开, 离不开○○○, ○○市长发展○○韩方产业的坚定意志和○○大学金○○总长的大力支持。并且从2010年开始○○国际韩方生物博览会组织委员会将共同主办该研讨会。		
开幕词[23)	接下来由○○市○○○市长致开幕词。		
致词	接下来由○○大学○○○总长致词。		
贺词(1)	下面由主管单位韩方特化城市支援协会的○○○会长致贺词。		
贺词(2)	下面由合作单位中国○○工业大学○○○院长代读中国○○工业大学○○○校长的贺词。○○○校长因不得已的情况未能来此, 望大家能够见谅。		代读者姓名及职位 : ○○工业大学○○○院长
纪念照[24)	接下来国内外各位嘉宾要合影留念[25)。今天要发表论文的各位代表、主席, 还有○○市、生药发酵学会及○○大学有关工作人员, 请到前面[26)来。其他与会代表暂时休息。外面备有茶点, 请尽情享用。		
上午主题发表(4个)	现在开始进行会议第二场。 由○○大学○○○教授来担任上午主题发表的主席。请○○○教授到台上		介绍发表者简历

	来。 (中韩传译由○○○专业翻译负责，韩中传译由在○○大学攻读研究生的中国留学生○○○担任。)		
通知中餐	午饭要在本楼地下一楼教职员食堂进餐。国内与会代表(韩国人)要使用餐券。		
下午 主题发表	下午主题发表是拜托○○大学的○○○教授担任主席。		介绍 发表者 简历
论文答辩	现在开始进行论文答辩,[27] 时间是20分钟左右[28]。 望就[29]今天主题发表的内容多提宝贵[30]的意见。		无线 麦克风 (听众 提问 用)
通知	下面韩方特化都市支援协会○○○会长通知一些事项。		
闭幕词[31]	最后为晚到的一些与会代表再次拍摄纪念照。 要前往[32]○○酒店的代表，现在请到外面乘酒店班车。 参加合影的各位代表请到台上来。 到此，本次研讨会正式结束。[33]		

1) 회의순서, 회순.

会议顺序 huìyìshùnxù	会议程序 huìyìchéngxù	议程 yìchéng

2) 由 yóu, (전치사) 행동의 주체를 끌어내며 명사와 함께 쓰인다. (~가)

由 yóu + [행동의 주체]	被 bèi + [행동의 주체]
동사는 처치의 의미가 없다 목적성이 강한 편이다	동사는 처치의 의미를 가진다 목적성이 강하지 않다

3) ⇨ 我是这次研讨会的主持人，○○大学校韩方食品营养系教授○○○。

司仪 sīyí	≒	主持人(좌장) zhǔchírén
사회자		

研讨会 yántǎohuì	讨论会 tǎolùnhuì
심포지엄, 세미나	

4) 내빈, 귀빈.

来宾 láibīn	贵宾 guìbīn	嘉宾 jiābīn	佳宾 jiābīn

5) 감사의 표현, 向 xiàng ~表示衷心地感谢。

非常感谢	太谢谢您了	谢谢大家 [各位]	向~致意	表示由衷的 谢意
表示深深的 感谢	表示真挚的 感谢	致以衷心的 感谢	致最高的 谢意	敬致诚挚的 谢意

6) 手机 shǒujī, 이동전화기, = 手提 shǒutí, 大哥大 dàgēdà

7) 向 xiàng ~ 介绍 jièshào (说明 shuōmíng) 一下~, ~ 소개해 드리겠습니다.

介绍一下今天会议的顺序。	说明一下会议的进行方法和内容。

8) 기념촬영.

纪念留影 jìniànliúyǐng	撮影留念 cuōyǐngliúniàn	合影留念 héyǐngliúniàn

9) (회의)참석자.

与会代表(人士) yǔhuìdàibiǎo(rénshì)	到会嘉宾 dàohuìjiābīn	与会的各位贵宾 yǔhuìdegèwèiguìbīn

10) 合影 héyǐng, 함께 사진을 찍다.

11) 为了方便起见, 편의상, = 为了~的方便。起见, ~의 견지에서, ~의 목적으로. "~的缘故"의 뜻. 为~起见, ~을 위하여, 주로 주어 앞에 쓰인다.

행동의 원인과 목적을 나타낸다	행동의 대상을 나타낼 수 있다

12)

所有 suǒyǒu	一切 yīqiè
(형용사) 모든, 일체의	(대명사) 온갖, 일체, 모든 것

13)

据 jù	按 àn
"~에 근거하여""~에 비추어"라는 의미 전치사구(부사어)/문장 전체 수식	어떤 표준에 의거함을 나타낸다 (= 按照) [구어]

14)

순차통역(循次通譯)	连续传译 liánxùchuányì
한국	中国

15) 以[用]~(的)方式进行。~방식으로 진행되다.

오늘의 회의는 순차통역으로 진행됩니다
今天的会议以连续传译方式进行。

16) 望 wàng, = 希望.

17) 지금으로부터 ~를 시작하겠습니다/ 개최하겠습니다/ 개막을 선언합니다.

现在第二届东方酸酵生药国际学术研讨会正式开始!	从现在开始举行第二届东方酸酵生药国际学术研讨会。	现在请允许我宣言:第二届东方酸酵生药国际学术研讨会开幕!

18)

会议正式开始之前, 介绍一下各位与会人士。	首先, 介绍一下与会的各国代表。
회의진행에 앞서 참석하신 귀빈을 소개하겠습니다.	우선 본 회의에 참석해 주신 각국 대표단을 소개하겠습니다.

19)

接下来 jiēxialai	接着 jiēzhe	随后 suíhòu
이어서		곧이어

20) 主办单位, zhǔbàndānwèi, 주최 측. 单位:(기관의) 단위 또는 부서.

21) 인명과 직함의 순서: 일반적으로 한국에서는 "인명+직함"이고 중국에서는 "직함+인명"이다.

○○시 ○○○ 시장님	○○市市长○○○
한국	中国

22) 因为时间关系, 시간 관계로.

因时间上关系	由于时间上关系	因时间有限	因时间所限

23)

开幕词/闭幕词 kāimùcí/bìmùcí	致词 zhìcí	贺词 hècí	晚宴词 wǎnyàncí
개회사/폐회사	인사말씀	축사	만찬사

敬酒词 jìngjiǔcí	鼓励词 gǔlìcí	欢迎词 huāyíngcí	答谢词 dáxiècí
건배제의	격려사	환영사	답사

---

24)

会议结束后，要合影留念。	在离席之前我们要合影留念。
회의를 마친 후 기념촬영이 있겠습니다.	자리를 떠나시기 전에 기념촬영이 있겠습니다.

25) 留念 líuniàn, 기념으로 삼다.

26)

前面 qiánmiàn	面前 miànqián
위치 순서를 강조하며 사람과 사물에 모두 쓸 수 있다	주로 마주보고 있는 사람에게 쓰며 추상적인 사물에 사용하는 경우도 있다

27)

接着是答辩时间。
질의응답 시간입니다.

28)

左右 zuǒyòu	大约 dàyuē	上下 shàngxià	将近 jiāngjìn
정도, 쯤 주로 수량사 뒤	대략 수량사 앞	가량, 쯤 주로 수량사 뒤 (나이, 키 등)	거의, 근 수량사, 동사 앞

29) 就 jiù

~에 대하여	곧, 바로, 당장	(긍정적 어기) 강조	종사하다

30)

宝贵 bǎoguì	珍贵 zhēnguì
주로 추상적 의미의 명사 앞	구체적인 물건(실물) 앞

31)

闭幕典礼 bìmùdiǎnlǐ	闭幕式 bìmùshì
폐회식	

32) 前往 qiánwǎng, 나아가다, 가다, 향하여 가다.

33)

上午全体会议就此结束了。	今天的会议到此全部结束了。
이상으로 오전 회의를 마치겠습니다. 오전 회의는 이것으로 마치겠습니다.	이로써 오늘의 회의 일정을 모두 마치겠습니다.

2. 환송만찬 시나리오

① 한국어

2008년 제2회 발효한약국제심포지엄 환송만찬 시나리오

□ 사전안내

오늘의 이 자리는 2008년 제2회 발효한약국제심포지엄 행사에 참석하신 귀빈 여러분을 환송하기 위하여 ○○시가 마련한 자리입니다.

□ **환송만찬회 진행순서를 말씀드리겠습니다.**

- 먼저 국내외 내빈소개 그리고 시장님의 환송사와 ○○대 총장님의 환송사가 있겠으며
- 주관단체를 대표하여 한방특화도시지원협의회 ○○○ 회장님께서 답사를 하시고, 외국에서 참석하신 분들을 대표하여 중국 ○○공대 ○○○ 교수님께서 답사를 하시겠습니다.
- 그 다음은 행사개최를 위하여 노력하신 분들에게 시장님께서 공로패 및 감사패를 전달하겠습니다.
- 이어서 한방특화도시지원협의회, ○○시농업기술센터, 중국 ○○공업대학교, ○○중의약대학교 간의 한중발효한약공동개발협약 체결식이 있겠습니다.
- 끝으로 기념촬영을 한 다음 만찬을 시작하겠습니다.
- 오늘 만찬은 뷔페식으로 준비를 하였습니다.

□ **그럼 지금부터 환송만찬회를 시작하겠습니다.**

① 먼저 내빈소개를 하겠습니다.

- 행사주최 기관에서
  - ○○○ ○○시장님 참석하셨습니다.
- ○○시 의회에서
  - ○○○ 의장님 참석하셨습니다.
- ○○대학교에서
  - ○○○ 총장님 참석하셨습니다.
- 행사를 주관한 한방특화도시지원협의회 ○○○ 회장님 등 열한 분의 회원님들 참석하셨습니다.
- 공동주관단체인 한중일생약발효학회 ○○○ 수석회장 등 일곱 분의 회원님들 참석하셨습니다.
- 중국 ○○공업대학교에서 ○○○ 교수님을 비롯한 교수 및 산업체 대표 열일곱 분이 참석하셨습니다.
- 대만 식품공업발전연구소 생물자원보존 및 연구센터 ○○○ 소장님 참석하셨습니다.
- 일본 ○○대학교 생명환경대학부 ○○○ 학장님과 ○○○ 발효기술주식회사 발효공정연구소 ○○○ 연구원님 참석하셨습니다.
- 이상으로 내빈소개를 마치겠습니다.

② 다음은 ○○ 시장님을 대신하여 ○○○ 부시장님의 환송사가 있겠습니다.

③ 다음은 이번 행사를 공동주최 하신 ○○○ ○○대학교 총장님의 환송사가 있겠습니다.

④ 다음은 주관단체를 대표하여 한방특화도시지원협의회 ○○○ 회장님께서 답사를 하시겠습니다.

⑤ 다음은 외국인을 대표하여 ○○공대 ○○○ 교수님께서 답사를 하시겠습니다.

⑥ 다음은 이번 행사를 위해 노고가 많으신 분들에게 공로패 및 감사패를 전달하겠습니다.

- 공로패를 받으시는 중국 ○○공대 ○○○ 교수님 앞으로 나오시기 바랍니다.

> **공로패**
>
> ○○○
>
> 귀하는 대한민국 ○○에서 열린 2008년 제2회 東方醱酵生藥國際學術研討會(ISOF2008)의 한국 개최에 적극 협조함으로써 본 학술대회의 성공적인 개최에 크게 기여하였기에 그 공로를 높이 치하하는 뜻으로 이 패를 드립니다.
>
> 2008年 10月 10日
>
> ○○市長 ○○○ [대독]

⑦ 다음은 논문발표자 열세 분께 감사패를 전달하겠습니다.

- 시간관계상 국가별 대표자 한 분께 전달하겠습니다.
  중국 ○ ○ 교수님,
  대만 ○○○ 소장님,

일본 ○○○○ 학장님,

한국 ○○○ 교수님 앞으로 나와 주시기 바랍니다.

> **감사패**
>
> ○ ○
>
> 귀하는 2008년 제2회 발효한약국제심포지엄(ISOF2008)에서 귀한 논문을 발표함으로써 본 학술대회의 성공적인 개최에 크게 기여하였기에 깊이 감사하는 뜻으로 이 패를 드립니다.
>
> 2008년 10월 10일
>
> ○○시장 ○○○ [대독]

- 감사패

  ○○○ 님

  이하 내용은 앞 분과 같습니다.
- 감사패

  일본 ○○○ 님

  이하 내용은 앞 분과 같습니다.
- 감사패

  ○○○ 님

  이하 내용은 앞 분과 같습니다.

⑧ 다음은 한방특화도시지원협의회, ○○시농업기술센터, ○○공업대학교, ○○중의약대학교 간의 한중발효한약 공동개발 협약 체결식이 있겠습니다.

- 대표자 분들께서는 앞에 마련된 좌석으로 나오시기 바랍

니다.

- 서명을 진행하여 주시기 바랍니다.

⑨ 다음은 참석자 기념촬영이 있겠습니다.

- 기념촬영은 주빈과 외국인사 분들이 먼저 촬영하겠습니다.
- 다음에는 주빈과 국내인사 분들의 촬영이 있겠습니다.

⑩ 이상으로 공식행사는 모두 마치고 만찬을 갖도록 하겠습니다.

- 음식을 드시면서 발효한약 발전을 위해 좋은 말씀 나누시는 교류의 장이 되시기 바랍니다.

【건배제의】

- ○○○ 한방특화도시지원협의회 회장님 건배 제의가 있겠습니다.

【종료인사】

- 시장님의 간단한 마무리 인사

② 중국어

第二届东方发酵生药国际学术研讨会
欢送晚宴材料

□ 通知事项

今天○○市政府为参加第二届东方发酵生药国际学术研讨会的各位嘉宾特设了此宴。

□ 先简单地给大家介绍一下欢送晚宴的议程。

- 首先介绍参加晚宴的国内外贵宾，然后分别由○○市市长和○○大学总长致欢送辞。
- 代表主管单位，由韩方特化城市支援协会的○○○会长致答谢辞，代表国外嘉宾由中国○○工业大学○○○教授致答谢辞。
- 接下来由市长向为此次活动做出贡献的人颁发功劳牌和感谢牌。
- 然后进行韩方特化城市支援协会，○○市农业技术中心，中国○○工业大学，○○中医药大学之间的汉中发酵生药共同开发合同[34]签订仪式。
- 然后拍摄纪念照，之后进餐。
- 晚餐准备的是自助餐。

---

34) 合同 hétong, 계약(서).

□ 那么现在开始进行欢送晚宴。

① 首先介绍光顾[35]的各位贵宾。

- 代表主办单位
  - ○○○ ○○市市长亲临晚宴。
- 代表○○市议会
  - ○○○议长光临[36]。
- 代表○○大学
  - ○○○总长驾临。
- 代表主管单位, 韩方特化城市支援协会郑○○会长为首共[37]有十一位会员参加。
- 代表联合主管单位, 包括韩中日生药发酵学会池○○首席会长, 共有七位会员光临。
- 中国○○工业大学○○○教授为首, 有十一位教授及企业代表光临。
- 台湾食品工业发展研究所生物资源保存及研究中心的○○○所长光临。
- 日本○○大学生命环境学院副院长○○○院长和○○○发酵技术股份公司发酵工程研究所○○○研究院也参加了。

---

35) 光顾 guānggù, 애고(愛顧)하다, = 光临照顾.

36)

光临 guānglín	莅临 lìlín	亲临 qīnlín	驾临 jiàlín
찾아오시다, 왕림하다	(모임자리에) 친히 나오시다	친히 참석하다, 친히 나오시다	(높임말) 오시다

37)

都 dōu	共 gòng / 一共 yīgòng / 总共 zǒnggòng
모두 [총괄](복수)	모두, 합쳐서 [총괄] 보통 뒤에 수량사가 온다

- 介绍参加代表到此结束。

② 下面○○○ ○○市副市长代读欢送词。

③ 接下来联合主办单位的○○大学○○○总长致欢送词。

④ 代表主管单位韩方特化城市支援协会○○○会长致答谢词。

⑤ 代表国外嘉宾中国○○工业大学○○○教授致答谢词。

⑥ 接下来向为此次活动做出贡献的人颁发功劳牌和感谢牌

- 受领功劳牌的中国○○工业大学○○○教授请到前面来。

功劳牌[38)]

<u>○○○</u>

此人为大韩民国○○市召开的第二届2008年东方酸酵生药国际学术研讨会(ISOF2008)给予大力的支持，并为该学术大会取得圆满的召开做出了积极的贡献。为此特发此牌表彰其功劳。

2008年 10月 10日

○○市长 ○○○ [代读]

⑦ 接下来向发表论文的各位代表颁发感谢牌。

- 因时间关系一个国家出一位代表到前面来领取奖牌。

---

38)

功劳牌 gōngláopái	功勋牌 gōngxūnpái	奖状 jiǎngzhuàng	奖金 jiǎngjīn
공로패	공로패	표창장, 상장	상금

中国的 ○ ○ 教授,
台湾的 ○○○ 所长,
日本的 ○○○ 院长,
韩国的 ○○○ 教授,
请到前面来。

感谢牌

○ ○

此人在第二届2008年东方酸酵生药国际学术研讨会(ISOF2008)上发表其重要论文，以此为该学术大会取得成功做出了积极的贡献。为此特发此牌致谢。

2008年 10月 10日

○○市长　○○○ [代读]

- **感谢牌**

○○○

一下内容相同。

- **感谢牌**

日本○○○

内同。

- **感谢牌**

○○○

内同。

⑧ 随后由韩方特化城市支援协会，○○市农业技术中心，中国○○工业大学，○○中医药大学，进行有关韩中共同开发发酵生药有关的签约仪式。

- 有关各位代表，请到前面备好的席位上来。
- 开始署名签约。

⑨ 然后与会代表要拍摄纪念照。

- 首先主宾同外宾拍照。
- 然后主宾同国内嘉宾拍照。

⑩ 到此所有活动全部结束，请各位开始用餐。

- 望大家尽情享用，并各抒己见[39]，探讨发酵生药。

【敬酒词】

- 韩方特化城市支援协会○○○会长致敬酒词。

【结束词】

- 下面由市长简单地说一下晚宴结束语。

39) 各抒己见, 성어, gè shū jǐ jiàn, 제각기 자기 의견을 말하다.

通譯 제3과

팸플릿

번역의 기본 요건[1]		
외국어 문법과 우리말 문법을 동시에 학습한다	독해력을 키운다	주변지식을 많이 안다

팸플릿 1

① 한국어

2007광주디자인비엔날레
빛_L·I·G·H·T

여러분을 빛고을 광주로 초대합니다

오는 10월,

2007 제2회 광주디자인비엔날레가 빛(L·I·G·H·T)을 주제로 열립니다.

지난 2005년 세계 디자인의 발신기지화를 모토로 창설된 광주디

1) 백수진, 『중국어 번역 급소 찌르기』, 서울: 다락원, 2002.8. 41~44쪽 참조.

자인비엔날레는 올해 두 번째를 맞아 "디지로그(디지털+아날로그) 상상 속의 신산업 창출"을 시도하고자 합니다.

본 전시와 3개의 특별전시, 부대행사 등으로 꾸며지는 2007광주디자인비엔날레는 이 시대의 빛, 이 시대의 핵심가치를 디자인으로 녹여 낸 초일류 디자인 제품들을 다양하게 선보입니다. 디자이너들이 꿈꾸는 디지털로그 상상을 현실화한 최첨단 가전기기와 IT제품, 생활용품들도 다양하게 전시됩니다.

30여 개국 800여 디자이너와 기업, 대학 연구소 등이 참여해 펼쳐지는 세계 디자인의 향연. 빛과 디자인의 만남이 펼쳐지는 2007광주디자인비엔날레로 여러분을 초대합니다.

2007광주디자인비엔날레 개요

주제 : 빛 _ L·I·G·H·T
기간 : 2007.10.5 ~ 11.3(30일간)
장소 : 광주 김대중 컨벤션센터(Kim Dae-Jung Convention Center)
내용 : 본 전시, 특별전시, 부대행사
주최 : 광주비엔날레, 광주광역시
주관 : 광주비엔날레
후원 : 외교통상부, 국정홍보처, 행정자치부, 산업자원부, 문화관광부, 건설교통부, 관세청, 전라남도, 한국디자인진흥원, 한국디자인단체총연합회, 한국문화예술위원회, 한국문화콘텐츠진흥원, 대한무역투자진흥공사, 전국경제인연합회, 대한상공회의소, 중소기업중앙회, (주)삼성전자, (주)LG전자

주제 빛_L·I·G·H·T

디자인은 인류의 현재와 미래를 비추는 밝은 빛이다. 디자인은 자연을 감싸는 따듯한 빛이자 살아 움직이는 유기체로서 인류와 자연을 연결하는 화사한 빛이다.

빛은 인류의 편안한 일상을 만들며, 지속가능한 환경을 추구하고, 지역 문화의 정체성을 발굴하며, 모든 사물의 아름다움을 환하게 비춰준다.

세계의 디자이너들은 이러한 디자인의 밝은 빛을 만들기 위해 무한한 실험을 하고 있다. 디자이너들의 실험은 미래 삶의 변화를 이끌어가는 혁신동력이다. 디자이너들이 만들어내는 밝은 빛. 그것은 디자인의 빛이다.

2007광주디자인비엔날레의 주제어 '빛_LIGHT'은 인류를 비추고, 자연을 비추며, 미래로 뻗어나가는 빛과 디자인의 만남을 의미한다. 이제 디자인은 정치경제적인 행위를 넘어선 문화사회적인 현상이다. 인류의 풍요롭고 심미적인 삶을 위한 문화사회적인 실천이다. '빛 LIGHT'은 동시대 디자인과 디자인 철학의 조망을 의미하며 새로운 디자인 문화의 생성과 소멸을 조명하는 도구이다.

본전시 Main exhibition

- Intro zone : Theme space 주제관
  Light tunnel 빛의 터널
  Light plaza 빛의 광장

'빛_LIGHT'은 물리적인 의미와 함께 종교적이거나 윤리적인 의

미도 지닌다. 주제관은 주제를 상징하는 매개공간으로서 '빛의 터널(Light Tunnel)'과 '빛의 광장(Light Plaza)'으로 구성되며, 물리적 의미의 빛으로 표상된 이 공간의 경험은 종교적이며 윤리적인 빛의 체험이 될 것이다.

• zone L : Link to the future
미래와의 조우

디자인은 본질적으로 유토피아를 상상한다. 디자인 유토피아란 기술의 발전과 미래의 일상 그리고 지속가능한 자연의 아름다운 공존을 의미한다. 미래에 대한 상상은 미래 디자인에 대한 상상과 같다. 디지털 기술의 발전과 디자인, 디지털 컨버전스, 유비쿼터스 환경과 디자인, 미래의 도시디자인, 시각커뮤니케이션 등 디자인을 통한 미래와의 조우가 이 공간에서 이뤄진다.

• zone I : Idea, Identity, Inspiration
디자인 중심으로 말하다

언어는 그것이 형식이든 기호학적인 구조이든 정체성을 반영한다. 그리고 한 사람의 정체성이란 그가 속해 있는 상황의 복합적인 구성물이다. 사실 디자이너는 언어의 연금술사이다. 그러나 디자이너의 아이디어, 정체성, 그리고 영감의 주체는 타인인 경우가 있다. 이곳에서는 디자인 중심으로 세상을 보는 혹은 디자이너의 주체적인 언어를 보여주고자 한다.

• zone G : Green growth
생명을 비추는 디자인

근대역사에서 극복과 개발의 대상이었던 자연이 인간을 공격하고 있다. 이제 성난 자연은 인류를 멸망시킬지도 모른다. 지구 온난화로 인한 자연의 변형과 인류의 종말은 더 이상 공상과학 영화의 한 장면이 아니다. 인간과 자연을 화해시키기 위해 디자인이 일어났다. 이 공간은 지속가능한 발전과 생명을 비추는 디자인의 이야기를 들려준다.

• zone H : Horizon of humanity
인간과 디자인의 행복한 만남

디자인은 인류사회의 공공성과 복지, 그리고 경제와 미학의 민주화를 위해 고안된 개념이다. 디자인의 공공성, 도덕성, 민주성 등은 영원한 디자인의 화두다. 디자이너는 상상하고 창조하는 예술가인 동시에 실천하는 사회학자이다. 인간과 디자인의 행복한 만남이 이 공간에서 이뤄진다. 영국의 공공디자인 사례, 평범하고 절제된 슈퍼 노멀디자인, 가난한 나라를 돕는 디자인 프로젝트, 유니버설 디자인 등 디자인의 절제된 미학과 참여의 사회학을 만나볼 수 있다.

• zone T : Tides of light
빛의 물결

인류가 디자인한 빛은 어둠을 밝히며 시간과 공간을 확장했다. 빛은 사물을 단순히 비추는 것이 아니고 사물을 완성시킨다. 이 공간은 사람이 만들어내는 인공적인 빛에 대한 공간이다. LED화면이 되어버린 옷, 음악을 만들어내는 빛, 크리스털을 통과하는 영롱한 빛 등을 이 공간에서 느낄 수 있다. 특히 이곳에서는 이탈리아의 디자인 붐과 함께하는 국제 공모전의 당선작 100점이 전시된다.

• Design plaza zone : Designboom mart
디자인붐 마트

젊고 재기발랄한 세계의 인디 디자이너 50여명이 참여하는 디자인 장터이자 축제의 공간. 젊은 인디 디자이너들은 디자인의 새로운 잠재 동력이며 이들의 상상은 세계 디자인계의 젊음을 유지하게 한다.

특별 전시 Special exhibition

• 20세기의 디자인 : 명예의 전당

디자인이 지금까지 걸어온 길을 돌아보고자 하는 전시. 폭넓은 분야의 다양한 디자인 결과물 중 주목할 만한 작품을 선정하여 통시적 관점에서 살펴봄으로써 지난 20세기 디자인계의 발자취를 살펴본다.

• 남도 디자인 자산 100선

빛고을 광주는 무한한 디자인 가능성의 도시이다. 광주의 유 · 무형적 디자인 요소를 새롭게 조명하기 위해 100개의 디자인 자산을 선정, 광주문화를 널리 알리고 무한한 디자인 가능성을 현실화시키기 위한 인프라로 활용하고자 한다. 시민 모니터 위원들에 의해 선정된 Design Icon을 전문디자이너에게 의뢰하여 개발 및 전시한다.

• 광주 도시 디자인 : 공공 디자인

광주시민의 삶의 질 향상을 위한 도시 디자인 프로젝트. 남광주 폐철도와 광산구 떡갈비 거리를 공공 디자인 테마로 설정하여 도시 미관을 향상시키고 새롭게 빛과 추억을 담은 예술적 공간으로 승화시킨다. 떡갈비 거리 식당 간판의 최신 LED조명으로의 교체, 빛을 이용한 퍼포먼스 등 볼거리가 넘치는 거리로 산뜻하게 연출한다. 남광주 폐철교는 '철길의 추억'이라는 주제로 예술적으로 디자인하며 본전시 작품 중 실용성을 살린 작품을 선정, 전시장 바깥에서 시민들과 만날 수 있는 고리로 활용한다.

부대행사 Event & Conference

• 디자인 평화선언

디자인 평화선언은 디자인이 더 많은 사람들에게 행복을 가져다 줄 수 있으며 나아가 세계 평화에 기여할 수 있다는 신념에 기초한다. 10월 5일 2007광주디자인비엔날레 개막식에서 노벨평화상을 수상한 김대중 전 대통령이 디자인평화선언을 한다. 전시장인 김대중컨벤션센터 앞에는 디자인 평화선언과 디자인 평화의 의미를 함축하는 상징조형물이 건립된다. 평화선언은 10월 20일 미국 샌프란시스코에서 열리는 세계 디자인협회 총회 때 영상으로 소개된다.

• 어린이 디자인 캠프

일상생활에서 찾아볼 수 있는 다양한 재료들을 활용하여 어린이들이 쉽게 디자인에 친숙해질 수 있도록 한 디자인 체험 캠프로 주 2~3회 운영된다.

• 국제 공모전

"빛, 공간을 비추다"(Lights In Lights Out)라는 주제로 실내, 거리, 옥외 3개 부문에 걸쳐 창의적이고 독창적인 조명기구 및 시설 연출

안을 공모한다. 공모전의 결과는 본 전시에서 만나볼 수 있다.

• 국제 컨퍼런스

유비쿼터스 시대의 디자인과 디자인 산업의 발전전략 및 미래에 대한 진지한 대화의 장.

day 1 : 기술발전과 디자인의 대응

day 2 : 디자인산업의 발전전략 및 미래

• 어울림 디자인 통합학회 학술 대회

2007광주디자인비엔날레는 여러 디자인 관련 학회들과의 통합 학술대회를 통해 디자인계의 화합을 추구한다. 디자인학회, 디자인경영브랜드학회, 실내건축디자인학회, 조형디자인학회, 영상디자인학회 등 16개 가입단체들의 세미나 및 포럼이 열린다.

2007광주디자인비엔날레를 만드는 사람들

디자인총감독 : ○○○

○○대 교수

헬싱키 경영대학원

University of Twente [ASSIST] 디자인 경영 박사과정 수료

서울 SIID 국제디자인박람회 [COEX] 전시기획

서울 WORLD BEST DESIGN 전시추진본부장

현 한국디자인브랜드경영학회 부회장

현 서울디자인센터 기획관리실장

현 세계산업디자인연합회 [ICSID] 자문위원

'Return of design innovation'(안그라픽스) 등 저술

본전시 큐레이터 : ○○○ ○○대 교수

본전시 큐레이터 : ○○○ ○○대 교수

특별전시 큐레이터 : ○○○ ○○대 교수

부대행사 큐레이터 : ○○○ 네이트시스템 대표

입장료

보통 어 른 7,000원 (예매 5,000, 만 19~64세)
대학생 5,000원 (예매 4,000, 대학(원)생)
청소년 4,000원 (예매 3,000, 만 13~18세)
어린이 3,000원 (예매 2,000, 만 4~12세)

특별할인 (국가유공자, 노인 등)
어 른 4,000원
청소년 2,000원
어린이 1,000원

단체할인 (20인 이상, 초·중·고생)
어 른 5,000원(예매 4,000)
대학생 4,000원(예매 3,000)
청소년 3,000원
어린이 2,000원

프리패스 (행사 전 기간 통용)
어 른 20,000원
청소년 15,000원
어린이 10,000원

가족 15,000원 (부모+자녀 2명)

500-070 광주광역시 북구 비엔날레 2길 211
www.design-biennale.org
211 Biennale 2-gil, Buk-gu, Gwangju 500-070, Korea
Tel. +82.62.608.4263 / Fax +82.62.608.4269
대표메일 info@gb.or.kr, biennale@gb.or.kr

② 중국어

2007光州设计展览会
光_L·I·G·H·T

敬请各位莅临阳光灿烂的光州!

第二届光州设计展将[2]于2007年10月以光(L·I·G·H·T)为主题[3]隆重举行[4]。以创设世界设计基地为目的的该展览会创办于2005年，今年为第二届，本展会的意图在于力求开发数码[5]模式型幻像产业。

2007光州设计展是由一个主会展、三个特别展和附属活动等组成。在这里我们可以看到，利用这个时代的光，即，把现时代最核心的价值溶入设计而创造出大量的最超前的产品。把设计界所追求的数码模式的幻象转化为现实的高科技家电、IT产品和日用品，这将令您赏心悦目[6]的。

这是由30多个国家的800多个设计家，还有企业、大学的研究所等国际设计界参与的一次盛会。2007光州设计展是光和设计的相逢，敬请各位莅临!

---

2) 将 jiāng, ~할 것이다, 단순한 미래를 나타낸다.

3) 以 yǐ ~ 为 wéi …, ~을 …로 삼다.

以~为主题	以~为目的
~을 주제로	~을 목적으로

4) 隆重举行, lóngzhōng jǔxíng, 성대히 거행하다.

5) 数码 shùmǎ, 디지털형(의).

6) 赏心悦目, 성어, shǎng xīn yuè mù, 마음을 즐겁게 하다, 매우 기분 좋아지다.

2007光州设计展览会概况

展会主题：光 _ L·I·G·H·T

开展时间：2007. 10. 5~11. 3 (30天)

展馆地点：光州金大中国际会议中心

展示内容：主会展、特别展、附属活动

承办[7]单位：(财)光州展览会

主办单位：(财)光州展览会、(财)光州市政府

支持单位：外交通商部、国政弘报处、行政自治部、产业资源部、文化观光部、建设交通部、关税厅、全罗南道、韩国设计振兴院、韩国设计团体总联合会、韩国文化艺术委员会、韩国文化内容振兴院、大韩贸易投资振兴公社、全国经济人联合会、大韩商工会议所、中小企业中央会、(株)三星电子、(株)LG电子

主题：光_L·I·G·H·T

设计堪称是照耀人类现在和未来的一道光。 设计不仅是环抱大自然的温暖的光，而且作为有生命力的有机体，又是连接人类和大自然的华丽的光。

光为人类创造了舒适[8]的生活环境，同时又为探索可持续

7)

承办 chéngbàn	主办 zhǔbàn	支持 zhīchí
주최	주관	후원

发展的自然环境，不断地去挖掘地方文化的特色，照亮着所有的事物。全世界的设计师为创造如此的设计之光，都不停地做新的尝试[9]。这些尝试将会成为开拓未来的原动力。设计之光无疑[10]是设计师们发明的一道亮光。

2007光州设计展览会的主题为“光_LIGHT”，意味着照耀人类、照耀大自然、伸向未来的光与设计的相逢。如今设计已超越政治和经济的范畴，成为整个社会的文化，成为人类为实现富饶而美好的生活而要付出的具体的实践。“光_LIGHT”照亮着一个时代的设计与设计哲学，又是开创设计新文化和淘汰设计旧文化的工具。

主会展 Main exhibition

- Intro zone : Theme space 主题馆
  tunnel 光的隧道
  plaza 光的广场

“光_LIGHT”不仅具有物质上的意义，同时还具有宗教和道德上的意义。主题馆作为象征主题的传媒空间，由“光的隧道”和“光的广场”构成。在这以物质性的光勾画成的空间里，您还会体会到宗教与道德之光。

---

8)

舒服 shūfu	舒畅 shūchàng	舒适 shūshì
편안하다	상쾌하다	쾌적하다

9) 尝试 chǎngshì, 시험(해 보다), 경험(해 보다).

10) 无疑 wúyí, 의심할 바 없다, 두말할 것 없다.

• zone Life：生活之光
Link to the future·与未来相会

设计的本质在于乌托邦[11]之向往。所谓设计之乌托邦意味着技术的发展，未来的生活要和大自然的美共存共荣。可以说，未来的构筑来自于设计的想像。即通过先进的数码技术、汇合数码和高速网络[12]的普及，以及未来城市与视觉通信等的设计来勾画未来的世界。

• zone Identity：本色之光
Idea, identity, inspiration·设计为核心

语言不仅在表现形式，还是在记号结构，都反映着其本性。一个人的本性是由其所从属的环境复合而形成的。其实可以把设计师说成是语言的镀金师。即使[13]这样，设计师的构思、特色及灵感的主体不免[14]也有受制于他人的时候。然而在这一空间我们看到的是以设计为主体的世界，或是设计师自己的语言。

---

11) 乌托邦 wútuōbāng, 유토피아(Utopia), 이상향.

12) 网络 wángluò, 네트워크(network), 회로망.

13) 即使[就是] ~ 也, 가정의 양보, 설령 ~일지라도, 아직 일어나지 않은 가설의 상황이나 일반적인 상황에 쓴다.

14)

未免 wèimiǎn	不免 bùmiǎn
아무래도 ~이다, 좀 ~하다 면할 수 없다, 꼭 ~하다	피할 수 없다, 면할 수 없다 ≒ 难免

• Zone Green : 环境之光
Green Growth·照耀生命的设计

近代史上大自然一直[15]是被征服和开发的对象，然而如今大自然开始袭击着人类，激怒的大自然有可能要吞没人类。地球温暖化带给自然界的变化以及世界末日之说不再[16]只是科幻片的一个镜头。随着[17]人类和大自然和睦共处[18]的需要便产生了设计。这一空间讲述了可持续发展的照耀生命的设计。

• Zone Human : 感性之光
Horizon of Humanity · 人类和设计的幸福会合

综观历史，设计源于人类社会的公益和福利以及经济和美学的民主化的需要。设计的公益性、道德性、民主性等是设计的永恒的主题。设计师既是想像和创造的艺术家，又是付诸[19]实践的社会学者。人类和设计将在此幸福相会。在这里，您会欣赏到英国公益设计的先例，还有平凡而有节制的超适用设计(Nomal design)、救济穷国的设计项目、普遍

15)

一直 yīzhí	一向 yīxiàng
계속해서, 줄곧	줄곧, 내내

16) 不再 bùzài, 더 이상 ~이 아니다, 이미 ~이 아니다.
17) ~따라.

随着 suízhe	跟着 gēnzhe
변화/발전/개선	사람/행동

18) 和睦共处, hémù gòngchǔ, 화목하게 지내다.
19) 付诸 fùzhū, ~에 부치다. ~에 옮기다.

性的设计等具有节制的美学和参与的社会学。

• Zone Technology：进化之光
Tides of Light·光的波纹

在人类文明的发展过程中，光是最重要的因素之一。人类的设计之光照耀着黑暗，延伸着时间和空间。光不仅是单纯地照射事物，也是完善[20]事物。其实物质的形态和色彩的设计都是靠[21]光来完成的。即使这样，我们对光仍缺乏足够的知识。这一空间展示了人工创造的光。在此您会领略到变成LED图案的服饰，创造音乐的光，穿透水晶体的晶莹的光。另外，您还可以欣赏到国际设计展中精选出来的100起具有意大利风格的作品。

• Design plaza zone：designboom mart
设计潮流集市

这里堪称是设计的集市和庆典的空间，50名著名而充满活力的年轻设计师暂露头角，各显其能[22]。年轻的设计师便是设计界新生的潜在动力。他们的想像力为世界设计界注入了新的活力，他们的想像力维持着设计界的年轻。

---

20)

完善 wánshàn	完美 wánměi
완벽하다, 완전하다 완벽해지게 하다	매우 훌륭하다 완전하여 결함이 없다

21) 靠 kào, ~에 따라, (의지하는) 사람, 사물.

22) 各显其能, 성어, gè xiǎn qí néng, 제각기 자기 능력을 나타내다.

特别展 special exhibition

• 荣誉的殿堂：二十世纪设计的历程

通过展品回顾设计界走过来的历程。在广泛的设计领域，诸多种类的作品中，精选富有特色的作品而示展，意欲重温二十世纪设计界所走过来的历程。

• 南都设计百大资产

光辉的光州市拥有无限的设计潜力。精选100起设计珍品来呈现光州的有形和无形的设计资本，进而推广光州的文化，并要把这些设计中的无限可能性转换成现实的基础材料。这里展示的是经市民评委会评选出的并交给设计专业人员进行进一步开发的Design Icon(设计像)。作为光州全南设计协会主办的特别展，由地方专业部门的设计企业馆、文化商品馆和体验馆来形成。

• 光州城市的公共设计

南光州的废铁路和矿区肉饼街是为提高光州市民的生活质量而计划的都市的设计工程。把南光州的废铁路和矿区肉饼街作为公共设计的主题，通过城市容貌的美化，把它转变成光和回忆溶为一体的新的艺术天地。把肉饼街餐馆的牌匾更换成最新的LED照明设施，再经光线的精湛表演，街道整个焕然一新[23)]，变成了一条琳琅满目[24)]的新街道。把废弃的南光州铁路桥—以“铁路的回忆”作为设计主题—经过一番艺术性改创，能够成为展馆外与市民沟通的一个纽带，成为本展览会最为实用的作品。

附属活动

• 设计和平宣言：设立象征性纪念物

设计和平宣言本着[25]设计给更多的人带来幸福，进而为世界和平做出贡献为宗旨，10月5日，在2007光州设计展览会的开幕典礼上，将由曾获诺贝尔和平奖[26]的韩国前总统金大中宣读和平宣言。金大中国际会议中心作为此次展馆，前面要修建设计和平宣言和象征和平的造型。10月20日，将在美国旧金山举办的国际设计协会的总会上，还要放映该和平宣言的影像资料。

• 儿童设计之营

利用日常生活中找不到的多种材料，为孩子们提供了解设计、体验设计的场所，每周开放5次。

• 国际设计招募展

把"和平之光，照耀空间Lights In Lights Out"作为主

---

23) 焕然一新, 성어, huàn rán yī xīn, 온통 새롭게 되다, 면모가 몰라보게 달라지다.
24) 琳琅满目, 성어, lín láng mǎn mù, (전람회, 진열장, 도서관 등에) 아름답고 귀중한 물건들이 쌓여있다, 아름다운 것이 많다.
25) 本着 běnzhe, ~에 따라, ~대로, 어떤 준칙에 의거.
26) 诺贝尔和平奖, Nuòbèi'ěr hépíngjiǎng, 노벨평화상.

题，就室内、街道、户外三个领域，招募具有创意的灯具及摆设艺术。招募展的评选结果在主会展上可了解到。

• 国际学术会议

在此探讨Ubiquitous(普及高速网络)时代的设计和设计产业的发展战略及未来的发展。

第一天：设计的社会效应
第二天：持续的设计和产业发展战略

• 设计和谐联合学会学术会议

2007光州设计展览会通过有关设计学会的联合学术会议，追求设计界的和谐发展。

2007光州设计展览会组委会

设计总指挥：○○○
○○大学校教授
○○○○经营研究生院
University of Twente [aSSIST] 设计经营博士过程结业
首尔 SIID 国际设计博览会 [COEX] 展览计划
首尔 WORLD BEST DESIGN展筹划总监
现任韩国设计品牌经营学会副会长
现任(财)首尔设计中心计划管理室长

现任国际产业设计联盟〔ICSID〕咨询委员

著有《Return of design innovation》等

主会展筹划[27]：○○大学教授 ○○○

主会展主管：○○大学教授 ○○○

特别展主管：○○大学教授 ○○○

附属活动筹划：Nate System 代表 ○○○

入场收费标准

一般 大人 7,000韩元[28]（预购 5,000韩元，19~64周岁）

大学生 5,000韩元（预购 4,000韩元，研究生）

青少年 4,000韩元（预购 3,000韩元，13~18周岁）

儿童 3,000韩元（预购 2,000韩元，4~12周岁）

优惠（国功人员、老年人等）

大人 4,000韩元

青少年 2,000韩元

儿童 1,000韩元

团体优惠（20人以上，中小学生）

大人 5,000韩元（预购 4,000韩元）

大学生 4,000韩元（预购 3,000韩元）

青少年 3,000韩元

27）筹划 chóuhuà, 계획하다, 기획하다.

28）

人民币 Rénmínbì	韩元(币) Hányuán(bì)	日元 Rìyuán	美元 Měiyuán	欧元 ōuyuán
중국(위엔)	한국(원)	일본(엔)	달러화	유로화

儿童　2,000韩元

自由通行证(展会期间通用)

大人 2,000韩元

青少年　1,500韩元

儿童　1,000韩元

家庭票 15,000韩元 (父母+子女 2名)

500 070 光州广域市北区展览会2路 211

www.design biennale.org

211 Biennale 2 gil, Buk gu, Gwangju 500 070, Korea

Tel. +82.62.608.4114 / Fax + 82.62.608.4269

电子邮件[29)]info@gb.or.kr, biennale@gb.or.kr

29) 电子邮(函)件, diànzǐ yóu(hán)jiàn, E-mail.

참고

세상의 무수히 많은 관계와 이슈가 만남과 교류를 통해
소통되는 장. 바로 2008광주비엔날레입니다.

주제라는 틀을 과감하게 탈피한
2008광주비엔날레 '연례보고'에서는 2007년부터 2008년까지
개최된 주요 전시 38가지를 포함, 총 1,339점의 작품들을
만나볼 수 있습니다.

세계 현대미술의 흐름을 내다보고
미래의 문화지평을 열어가는 세계 미술문화 교류의 장,
2008광주 비엔날레.

현대미술을 통해 사회문화적 관계들을 역동적으로 펼쳐 낼
'연례보고'에 여러분을 초대합니다.

人间无数关系和话题荟萃于此，
交相辉映[30]、相得益彰[31]，这就是2008光州美术展。

2008光州美术展的'年度报告'，
大胆地逾越了所谓主题这一框框。
在此您会欣赏到囊括2007年至
2008年的38回特展，共达1,339件作品。

展望现代美术的潮流，
开拓未来文化空间的2008光州美术展，
堪称是世界美术文化交流的新天地。

要通过现代美术活动来
大大改善社会文化关系的'年度报告'，敬请诸位光临!

---

30) 交相辉映, 성어, jiāo xiāng huī yìng, 엇바뀌어 비치다.

31) 相得益彰, 성어, xiāng dé yì zhāng, 서로 돕고 보충하면 쌍방의 능력을 더욱 잘 나타낼 수 있다.

■ 비엔날레 한글자막

	한 글	중 문
1	2008 광주 비엔날레	2008光州美术展
2	예술총감독 인터뷰	采访艺术导演
3	2008 비엔날레는 어떻게 구성되는가?	2008光州美术展是怎样构成的?
4	예술총감독 : 오쿠이 엔위저	艺术导演 : 奥可维(Okui Enwezor)
5	광주 비엔날레 전시는 주제와 같은 특정한 분류나 틀 안에서 벗어나 다양한 경험과 예술개념을 반영할 수 있는 공간으로서 단순히 주제 자체로만 이루어지는 전시형태를 탈피 다양한 개념을 반영한 새로운 형태의 전시를 선보이고자 한다.	光州美术展意在超越主题等特定的分类或框架，来创设能够反映多种经验和艺术观念的空间，进而从以往主题为主的展览形式发展为反映多种概念的新的展览形式。
6	복덕방 프로젝트	房地产中介项目
7	전 세계에 걸친 5인 큐레이터의 자율적 독립적 기획	跨世界的5位策展人进行了独立而自主的策划
8	발원지에서의 방향전환	在发源地方向转换
9	돌아갈 곳 없는 자들의 향락에 관하여	流连忘返[32)]的陶醉
10	탐험7 (상대적 조국)	探险7(相对的祖国)
11	국제 학술회의(서울, 북경)	国际学术会议(首尔、北京)
12	글로벌 인스티튜트	国际学会
13	비엔날레관	美术展馆
14	광주 시립미술관	光州市市立美术馆
15	광주극장, 대인시장	光州剧场, 大仁市场
16	의재 미술관	毅斋美术馆
17	2008 광주 비엔날레	2008光州美术展
	(중략)	
20	봄	春天
21	연례보고, 일 년 동안의 전시	年度报告, 一年内的展览
22	길 위에서, 제안, 끼워 넣기	在路上, 建议, 插入

32) 流连忘返, 성어, liú lián wàng fǎn, 계속 머무르며 돌아가는 것을 잊다.

팸플릿 2

① 한국어

21세기 국제 관광의 중심도시 Jeju City 관광개발투자안내
Jeju City 관광개발투자안내 1쪽

Invest in the Future, the Future is Jeju

21세기 국제적인 관광문화의 중심지로 도약하는 제주시! 천혜의 자연과 완벽한 개발여건을 갖춘 관광산업의 메카 제주시에서 관광지개발에 참여하실 투자자 여러분을 기다리고 있습니다.

평화의 섬, 국제자유도시를 지향하는 제주도.

이미 동북아 중심축의 관광명소로 자리 잡고 있는 제주도의 관문도시인 제주시가 관광지개발 투자자 여러분을 초대합니다.

제주시는 공항·항만 등 교통시설을 비롯하여 대규모 객실을 갖춘 숙박시설, 각종 전시공연장 등 관광 인프라가 집중되어 있는 도시입니다.

제주시의 관광지 개발에 투자하시는 것은 어느 곳보다 경제성과 안정성 있는 후회 없는 투자가 될 것입니다.

Jeju City 관광개발투자안내 2쪽

Welcome to Jeju Island

개발 가능성이 무한하다는 것은
발전 가능성도 무한하다는 것을 의미합니다.

Jeju City 관광개발투자안내 3쪽

Jeju Free International City

레저와 휴식을 찾는 사람들의 낙원 여기가 바로 제주입니다.

아름다운 자연과 제주 고유의 민속 문화를 가장 손쉽게 접할 수 있는 곳…… 코발트 빛 푸른 바다, 광활한 들판, 태고의 신비를 간직한 산림과 계곡, 도심에서 불과 30분 이내의 거리에 산재해 있는 매혹적인 관광자원들이 무한한 가치를 창출해 나아갈 개발 투자자를 기다리고 있습니다.

목차 〉〉〉

▶ 봉개휴양림관광지/6~7 ▶ 오라관광지구/8~9 ▶ 삼양유원지/10~11
▶ 무수천유원지/12~13 ▶ 산천단유원지/14~15 ▶ 이호유원지/16~17
▶ 첨단과학기술단지/18~19 ▶ 제주공항자유무역지역/20~21
▶ 제주상징타워/22~23 ▶ 해양수족관/24~25
▶ 제주삼양오션돔/26~27 ▶ 해양사박물관/28~29
▶ 관광산업 개발에 대한 행정지원안내/30~31
▶ 투자산업 시행승인 절차안내/32
▶ 관광지 및 유원지 개발사업 시행절차/33~34
▶ 외국인 투자절차안내/35 ▶ 투자진흥지구 지정 및 지원/36
▶ 제주시 주요사업 투자지원/37 ▶ 제주시에 투자하면 좋은 점/38

Jeju City 관광개발투자안내 4쪽

베이징, 선양, 하얼빈, 텐진, 다렌, 블라디보스톡크, 사할린, 서울, 인천, 대구, 광주, 부산, 후쿠오카, 오사카, 나고야, 도쿄, 난징, 난창, 상해, 홍콩, 타이페이

제주시, 제주국제공항, 제주항, 일주도로, 한림, 서부관광도로, 서귀포, 1100도로, 한라산, 서귀포, 제1횡단도로, 동부관광도로, 표선, 성산포, 제주항

〉〉 일반현황

▶ 위 치
동경/ 126° 25' ~ 126° 39'
북위/ 33° 17' ~ 33° 32'

▶ 면 적
255.3km^2 (도 전체의 14%)
임야/ 128.57 (50.3%)
경지/ 58.97 (23.1%)
기타/ 54.03 (21.1%)
대지/ 13.96 (5.5%)

▶ 기 상
기온 : 평균 15.7℃
(최고 34.3℃, 최저 －2.1℃)
강수량 : 1,999.2mm

▶ 관광객 입도 현황 (2003년도/명)
총관광객수 : 4,913,390명
－내국인 : 4,692,373명
－외국인 : 221,017명

여기에 여러분의 꿈을 실현하십시오.

아시아 대륙 한반도 최남단에 위치해 있는 제주도는 동북아시아의 정점에 위치해 있어 어느 곳이든 연결이 가능한 편리한 교통망을 가지고 있으며, 제주국제공항에서 일본의 오사카까지 989Km, 중국 상하이까지 499Km, 홍콩까지 1,722Km, 대만 타이페이까지 1,030Km의 거리에 위치해 있습니다.

제주시는 제주도 인구 55만여 명 중 30만여 명이 상주하고 있는 제주도의 도청소재지로서 공항, 항만, 관공서를 비롯해서 주요 상업시설이 집중되어 있는 곳입니다.

Jeju City 관광개발투자안내 5쪽

21세기 국제관광의 중심도시 – 제주시

봉개휴양림관광지

휴양과 레포츠를 위한 복합리조트

병풍처럼 늘어선 휴양림과 오름 사이의 산책로, 계절마다 새로운 얼굴과 색다른 즐거움을 나누어 주는 곳.

다양한 부대시설을 갖춘 콘도를 비롯해서 골프장과 사우나 그리고 첨단 테마파크의 기능까지 완벽하게 갖춘 복합리조트로 남녀노소 누구나 만족할 수 있는 최상의 휴식공간으로 조성 추진 중이다.

관광개발투자안내 〉〉〉

〉〉 사업내용

사업위치 : 제주시 봉개동 산53번지 일원

면 적 : 1,346,000㎡ (407,160평)

투 자 비 : 1,790억원

사업기간 : 1996년 ~ 2006년

사업시행자 : 한화국토개발(주) 대표 ○○○

주요도입시설 : 콘도미니엄, 실버타운, 테마공원
노인휴양센타, 농어촌휴양시설, 대중골프장 등

〉〉 개발방향

노인과 가족단위가 함께 즐길 수 있는 사계절 체류형 리조트 건설

관광지의 상징성을 부여하여 타 관광지와 차별화 추구

환경 친화적인 개발을 통한 전원적인 분위기 연출

#사업시행자와 협의 후 투자가 가능함.

Jeju City 관광개발투자안내 6~7쪽

오라관광지구

동북아 최고의 축제 휴양촌을 지향

한라산 기슭에 위치한 오라관광지구는 최상의 입지조건을 갖추고 있다. 오라관광지구는 리조트형 카지노호텔을 중심으로 하는 1단계 개발지구, 워터파크 중심의 Active Theme Park인 2단계 개발지구, 세계 섬 문화축제장을 중심으로 하는 Festival Theme Park인 3단계 개발지구로 나누어 단계적이고도 체계적인 개발이 이루어지고 있는 곳이다.

Jeju City 관광개발투자안내 8쪽

관광개발투자안내 〉〉〉

〉〉 사업내용

사업위치 : 제주시 오라2동 산91번지 일원
면　　적 : 2,683,686㎡ (811,614평)
투 자 비 : 3,909억원
사업기간 : 2000년 ~ 2009년
사업시행자 : 유일개발(주) 대표 ○○○, 오라공동목장조합 조합장 ○○○
주요도입시설 : 숙박시설, 상업시설, 휴양문화시설, 운동오락시설, 공공편의시설, 골프장 등

〉〉 입지잠재력

Urban Gateway Resort로서 최고의 접근성 – 제주국제공항에서 약 10분 거리

천혜의 자연환경과 경관 조망권 – 제주시가지, 한라산 및 바다경관을 파노라믹하게 조망

경제적인 개발비용으로 비교 우위경쟁력 – 저렴한 토지비, 낮은 경사비율로 최소의 개발비용

》 개발방향

중국, 일본, 대만 등의 인접국가를 대상으로 한 동북아 거점 관광지
장·단기 체류형, 전원형, 가족형 복합리조트
문화, 역사, 생태 등이 어우러진 국내 최고의 휴양지 조성

#사업시행자와 협의 후 투자가 가능함.

Jeju City 관광개발투자안내 9쪽

삼양유원지

세계적 수준의 해양관광위락단지

세계적 수준의 해양관광위락단지 조성을 목적으로, 각종 시설물(호텔, 콘도미니엄, 쇼핑센타, 워터파크, 리조트 시설 등)을 조화롭게 계획하였고, 4계절 이용할 수 있는 오션 엔터테이먼트 돔, 쇼핑몰 등을 시설하게 된다.

Jeju Citi 관광투자개발안내 10쪽

관광개발투자안내 〉〉〉

〉〉 사업내용

사업위치 : 제주시 삼양동, 화북동 일원

면적 : 704,700㎡(213,171평)-육상 344,700㎡, 공유수면 360,000㎡

투 자 비 : 3,629억원

사업기간 : 2004년 ~ 2011년

사업시행자 : 21세기 컨설팅(주) 대표 ○○○

주요도입시설 : 숙박시설, 공공편의시설, 유희시설, 휴양문화시설, 쇼핑상가 등

〉〉 입지잠재력

맑고 깨끗한 해변에 위치하고 있어 조망상태가 훌륭함.

단지 경계선에 35M 일주도로 및 상업단지와 함께 형성.

제주 국제공항에서 15분, 제주항에서 7분거리.

주변에 새로운 생활권이 형성되고, 도심속의 휴식처로서 최적의 위치로 평가.

〉〉 개발방향

세계적 수준의 해양관광위락단지 조성을 목적으로, 각종 시설물(호텔, 콘도미니엄, 쇼핑센타, 워터파크, 리조트 시설 등)과 자연친화적인 관광지 개발을 목표로 해상과 시가지 내륙관광의 중추적 역할을 수행하여 새로운 관광지 개발을 계획하고 있음.

#사업시행자와 협의후 투자가 가능함.

Jeju Citi 관광투자개발안내 11쪽

무수천유원지

수려한 경관속에 위치한 체류형 가족휴양단지

무수천유원지는 제주시내와 근접해 있어 교통이 가장 편리하며 계곡과 수목이 조화를 이룬 수려한 자연경관을 갖추고 있어 무한한 관광잠재력을 갖추고 있다. 특히 보는 관광에서 휴식과 레저활동을 겸한 즐기는 관광의 형태로 관광의 패턴이 점차 변화되고 있음을 감안하면 무수천 유원지는 청소년, 가족, 단체관광객들을 대상으로 여가활동의 다양성을 충분히 수용할 수 있는 입지적인 조건을 두루 갖추고 있다.

Jeju Citi 관광투자개발안내 12쪽

관광개발투자안내 〉〉

〉〉 사업내용

사업위치 : 제주시 해안동 2378번지 일원
면　　적 : 451,146㎡ (136,471평)
투 자 비 : 1,450억원
사업기간 : 2000년 ~ 2009년
사업시행자 : 이레기술산업 (주) 컨소시엄(5개사) 대표 ○○○
주요도입시설 : 휴양시설, 편의 및 관리시설, 운동오락시설, 야외극장, 기타시설 등

〉〉 개발방향

제주시가지와 인접한 점을 감안하여 제주시민 및 인근주민을 위한 특성있는 계곡 유원지로 개발 자연 경관 훼손을 최대한 억제할 수 있는 방향에서 개발 유도

#사업시행자와 협의후 투자가 가능함.

Jeju Citi 관광투자개발안내 13쪽

(중략)

제주시 주요사업 투자지원

〉〉〉 근거

제주시투자유치 촉진조례

〉〉〉 지원 대상사업

문화사업, 지식기반사업, 정보통신산업

외국인 투자촉진법에 의한 외국인의 투자비율이 100분의 30이상이거나 외국인이 제1대주주인 외국인 투자기업

제주국제자유도시 특별법 시행조례에 의한 관광지 및 유원지 개발사업

제주첨단과학기술단지, 자유무역 지역 내 입주기업

조세특례제한법 규정에 의하여 재정경제부장관이 고시하는 고도의 기술을 수반하는 사업 및 산업지원 서비스업 영위기업 중 제주시장이 지원이 필요하다고 인정하는 기업

〉〉〉 지원내용

지원 대상 기업에 대하여 예산 범위 안에서 사회간접자본 시설(도로, 상하수도 등)과 입지 보조금, 고용 보조금, 교육훈련 보조금 등의 지원

- 입지 보조금 : 분양가 또는 임대료 차액의 30% 한도

Jeju City 관광개발투자안내 37쪽

제주시에 투자하면 좋은 점

－대한민국에서 최적의 투자여건을 갖춘 국제관광지－

여러분의 투자가 안전하고 유익한 선택이 될 것입니다.

▸ 제주국제자유도시특별법에 의한 개발사업 승인절차 간소화
▸ 21세기 동북아 최고의 관광휴양거점도시로 육성 발전가능지역
▸ 현재 연 500만 명 이상 관광객이 방문하는 관문도시
▸ 관광특구로 지정되어 자유로운 관광활동이 보장되는 곳
▸ 겨울철에도 골프 및 사냥 등을 즐길 수 있는 4계절 관광지
▸ 노비자 지역으로 지정되어 출·입국이 편리
▸ 제주시민자유치사업촉진조례가 제정되어 사업자를 지원
▸ 관광지개발사업자 및 부동산 매입, 매수지 등에 대한 세금경감시행
▸ 국제자유도시 지정과 관광기반 조성이 갖춰지는 곳

관광개발투자안내

제주시 관광국제자유도시지원과

Jeju City 관광개발투자안내 38쪽

② 중국어

21世纪国际旅游中心城市 济州市旅游开发投资指南
济州市旅游开发投资指南 1页

投资于未来, 未来就在济州!

迈向21世纪世界旅游文化的中心的济州市! 具有天赐的自然环境和良好的开发条件, 欢迎各位到济州开发旅游资源!

和平之岛 — 济州岛, 目标指向国际自由城市。

济州岛已经列入东北亚名胜地, 并不断开发旅游资源, 欢迎各位到济州施展才华[33)]。

济州市不仅拥有方便的交通设施[34)]和大规模的饭店设施, 还有各种展示场及表演场等, 堪称是高水平的文化城市。

济州市旅游投资政策, 均优惠于他区, 因而收益高、风险小, 前景广阔。

济州市旅游开发投资指南 2页

---

33) 施展才华, shīzhǎn cáihuá, 재능을 발휘하다.

34)

施设 shīshè	设施 shèshī
시설하다, 베풀어 갖추다	시설, 시책

欢迎您到济州来!

广阔的开发前景, 意味着无限的发展商机[35)]!

济州市旅游开发投资指南 3页

济州国际自由城市

济州正是人们所寻找的度假休闲的乐园。

在济州您会随处领会到优美的自然环境, 传统的济州民俗文化, 以及碧蓝色的大海, 藏有太古之神秘的山林和溪谷。所有的景点均分布在距市中心30分钟车程内, 这些颇有魅力的旅游资源, 将通过各位的投资开发, 会创造出无限的经济价值。

目录 〉〉〉

- 奉盖休养林旅游景区/6~7
- 吾罗旅游景区/8~9
- 三阳游览地/10~11
- 无愁川游览地/12~13
- 山川坛游览地/14~15
- 梨湖游览地/16~17
- 高新技术园区/18~19
- 济州机场自由贸易区/20~21
- 济州象征塔/22~23
- 海洋水族馆/24~25
- 济州三阳海洋馆/26~27
- 海洋史博物馆/28~29
- 旅游业开发行政服务指南/30~31
- 投资程序指南/32
- 旅游景点及游乐设施开发指南/33~34
- 外商投资指南/35
- 投资振兴区的指定及优惠政策/36
- 济州市支援的主要投资项目/37
- 济州市投资优势/38

济州市旅游开发投资指南 4页

35) 商机 shāngjī, 비즈니스 기회.

北京, 沈阳, 哈尔滨, 天津, 大连, 海参崴, 库页岛, 汉城, 仁川, 大邱, 光州, 釜山, 福岗, 大阪, 名古屋, 东京, 南京, 南昌, 上海, 香港, 台北

济州市, 济州国际机场, 济州港, 环岛路, 翰林, 西部观光道路, 西归浦, 1100道路, 汉拿山, 西归浦, 第1横断公路, 东部观光道路, 表善, 城山浦, 济州港

〉〉济州市概况

▸ 位 置

东经/ 126° 25' ~ 126° 39'

北纬/ 33° 17' ~ 33° 32'

▸ 面 积

255.3㎢ (占全岛面积的14%)

林野/ 128.57 (50.3%)

耕地/ 58.97 (23.1%)

其它/ 54.03 (21.1%)

平地/ 13.96 (5.5%)

▸ 气 象

气温：平均 15.7℃

(最高 34.3℃, 最低 -2.1℃)

降雨量：1999.2mm

▸ 游客现状 (2003年)

游客总数：4,913,390人

— 国内游客：4,692,373人

— 外国游客：221,017人

在此实现您的理想吧!

济州岛位于亚州大陆韩半岛的最南端, 是东北亚地区的中心城市, 交通发达, 通往四面八方, 济州国际机场距日本大阪989km, 距中国上海499km、距香港1,722km, 距台北为1,030km。

济州道人口为55万，其中济州市的人口为30多万，济州市作为济州道的中心城市，机场、港口、政府机关及主要商业设施等均在此。

济州市旅游开发投资指南 5页

21世纪国际旅游中心城市 — 济州市

奉盖休养林旅游景区

集疗养与休闲运动为一体的综合度假村

奉盖旅游景区休养林仿佛屏风林立，山间小路蜿蜒[36)]曲折，风景随着季节的变换乔装[37)]打扮，随时随地[38)]您都会领略到不同的感受。[39)] 我们要把济州建设成配有各种附带设施的观光公寓、高尔夫球场、桑拿浴[40)]以及高科技的主题公园等男女老少皆宜的生活空间。

旅游开发投资指南 〉〉〉

〉〉 开发项目

位　　置：济州市奉盖洞山53番地一带
面　　积：1,346,000㎡（407,160坪）
投 资 额：1,790亿韩元
工　　期：1996年～2006年
开 发 商：韩化国土开发股份公司代表：○○○

主要引进设施：观光公寓，老年活动中心，主题公园，老人疗养中心，农村渔村疗养设施，大众高尔夫球场等

36）蜿蜒 wānyán, 구불구불하다.

〉〉开发方向

要建设成老年人和家庭类型一年四季均可享用的度假村
要建设区别于它区的富有特色的旅游景区
要建设成注重环保的田园式气氛。

与开发商达成协议，方可进行投资。

济州市旅游开发投资指南 6~7页

吾罗旅游景区

建成东北亚最佳庆典活动区及休养区

吾罗旅游景区位于汉拿山山脚下，拥有优越的地理位置。吾罗旅游景区一期工程建设赌场度假村；二期工程是水上公园为中心的主题公园；三期工程为世界岛屿文化节为中心的庆典主题公园。正在有计划、有目的地开发之中。

济州市旅游开发投资指南 8页

37) 乔装 qiáozhuāng, 변장하다. 가장하다.

38) 随时随地, suíshí suídì, 언제 어디서나, 그때그때에 (형편에) 따라서.

39)

感受 gǎnsòu	感想 gǎnxiǎng	感触 gǎnchù
느낌, 체득	감상, 소감	감개, 감동

40) 桑拿浴 sāngnáyù, 사우나(sauna).

旅游开发投资指南 〉〉〉

〉〉 开发项目

位　　置：济州市吾罗2洞山91番地一带
面　　积：2,683,686㎡
投 资 额：3,909亿韩元
工　　期：2000年～2009年
开 发 商：唯一开发股份公司代表 ○○○，吾罗共同牧场组合组合长○○○
主要设施：宾馆设施，商业设施，休养文化设施，运动娱乐设施，公共便民设施，高尔夫球场等

〉〉 地理优势

离市区最近的度假村 － 距济州国际机场只有10分钟车程。
有天赐的自然环境和展望性 － 济州市区、汉拿山及周围的海洋景观，一览无余。
开发费用低，因而竞争力强 － 地价低廉、坡度平缓，降低投资额。

〉〉 开发方向

适合中国、日本、台湾等邻国游客的东北亚的中心。
短期停留型、田园型、家庭型综合休闲度假村。
建设成文化、历史、生态为一体的最佳休养地。

与开发商达成协议，方可进行投资。

济州市旅游开发投资指南 9页

三阳游乐园区

世界级的海洋游乐园区

要建成世界级的海洋游乐园区，将各种配套设施(宾馆、观光公寓、购物中心、水上公园、度假村设施等)和谐地分布，并配有一年四季均可享用的各种海洋娱乐馆与购物大厦。

济州市旅游开发投资指南 10页

投资指南 〉〉

〉〉 项目

位　置：济州市三阳洞、禾北洞一带
面　积：704,700㎡ — 陆地：344,700㎡，公有水面：360,000㎡
投 资 额：3,629亿韩元
工　　期：2004年~2011年
开 发 商：21世纪建设股份公司代表：○○○
主要设施：宾馆设施，公共便民设施，娱乐设施，休养文化设施，购物街等

〉〉 地理优势

位于清澈而秀丽的海边，展望效果很好。
距环岛公路只有35米远，并与商业区融为一体。
距济州国际机场有15分钟车程，离济州港只有7分钟。
周围已经成新的生活区，可谓是市内的休息空间，堪称地理位置最佳。

〉〉 开发放向

要开发世界级的海洋旅游园区, 各种建筑(宾馆, 观光公寓, 购物中心, 水上公园, 度假村等)要与自然环境融为一体。园区的开发将起到连接海上与市区的枢纽作用, 継而开发新的旅游景区。

与开发商达成协议, 方可进行投资。

济州市旅游开发投资指南 11页

无愁川游览地

无愁川游览地景色秀丽, 为家庭型旅游, 提供良好的去处。

无愁川游览地位于济州市附近, 交通方便。溪谷与树木形成秀丽的自然景观, 观光开发潜力无限。这里是游览观光和休闲活动兼并的旅游景区, 无愁川游览地各种条件均具备, 将成为以青少年、家庭、团体游客为对象的休闲度假的好去处。

济州市旅游开发投资指南 12页

开发投资指南 〉〉

〉〉 项目

位　置：济州市海安洞2378番地一带
面　积：451,146㎡
投资额：1,450亿韩元
工　期：2000年～2009年
开发商：伊莱技术产业股份公司，联合投资(5家公司) 代表 ○○○
主要设施：休养设施，生活便利设施及管理设施，运动娱乐设施，露天剧场，其它设施等

〉〉 开发目标

因为无愁川靠近济州市，适合开发针对济州市民及附近居民并具有自身特色的溪谷游览地，在开发的过程中尽可避免破坏自然环境。

与开发商达成协议，方可进行投资。

济州市旅游开发投资指南 13页

(중략)

济州市主要开发项目优惠待遇

〉〉〉 依据

济州市招商引资发展条例

〉〉〉 优惠范围

文化事业, 知识基础事业, 信息通信产业

依据外国人投资促进法, 外国人的投资比率超过30%或者外商为主股东的外资企业

依据济州国际自由城市特别法试行条例的旅游地及娱乐设施

设立在济州高新技术园区, 自由贸易区内的企业

依据租税特例限制法的规定, 由财政经济部长官指定的高科技产业及服务产业附属业中济州市长认为有必要的企业。

〉〉〉 优惠事项

有资格享受优惠待遇的企业, 在预算范围内给予社会间接资本设施(道路、上下水道等)及选址补贴、雇用补贴、教育训练补贴等。

— 选址补贴 : 出售价或租赁费差额的30%

— 雇用补贴 : 期限为6个月, 每人50万韩元以内, 企业为2亿韩元

— 教育训练补贴 : 以6个月为期限, 每人50万韩元以内, 企业2亿韩元

对于大规模的投资, 在投资额的5%范围内、提供50亿韩元的特别支援。

设立外国人学校等改善外藉人员的生活环境的援助。[41)]

济州市旅游开发投资指南 37页

济州市投资优势：

— 是在大韩民国拥有最佳投资环境的国际旅游地。
您的选择不仅安全可靠，还会创造效益[42)]。

- 遵照济州国际自由城市特别法简化投资审批手续。
- 将发展为21世纪东北亚最佳旅游休养城市。
- 每年有500万以上游客访问的关口城市。
- 被指定为旅游特区，能够保障自由的旅游活动。
- 冬季也能打高尔夫球和打猎的四季型游览地。
- 被指定为免签证地区，便于出入境。
- 制定济州市民资引进促进条例，能够支援投资商。
- 给旅游地开发商减免有关购买不动产及土地税。
- 指定为国际自由城市，而且具有完善的旅游基础设施。

旅游开发投资指南

济州市观光、国际自由城市支援科

济州市旅游开发投资指南 38页

---

41)

帮助 bāngzhù	赞助 zànzhù	援助 yuánzhù
도와주다	찬조하다	원조하다

42)

效果 xiàoguǒ	效益 xiàoyì
효과	효과와 이익

通譯譯 제4과

교류업무

1. 계약서

① 한국어

중국 ○○○본사와 (주)한국 ○○○사 간의
○○○○관련 계약서

중국○○○본사(이하 '갑 측'이라고 칭함)와 (주)한국○○○(이하 '을 측'이라고 칭함)은 ○○○○에 관련, 아래 같이 계약을 체결한다.

제1조 (을 측의 권한)

갑 측은 ○○방식으로 ○○을 ○○측에 ○○을 제공하며, 을 측의 권한 범위를 ○○지역으로 한정한다. 을 측은 독점권을 행사할 수 없다.

제2조 (비밀유지)

갑 측과 을 측 모두는 제3자에게 본 계약서의 내용을 공개할 수 없다.
단, 법원의 법령 또는 관련 법규를 집행할 때는 예외로 한다.
유사 상황 발생시, 공개측은 사전에 우편 또는 팩스를 이용해 서면으로 상대방에게 알려야 한다.

제3조 (제공방법)

1. 갑 측은 ○○을 통해 ○○을 제공한다.
2. 갑 측의 ○○이 변경되거나 중지될 경우, 을 측은 이를 수용해야 한다.
3. ○○에 필요한 모든 비용은 을 측에서 부담한다.

제4조 (저작권 관련)

○○저작권 관련 사항은 갑 측에서 일괄 처리한다.

제5조 (○○사용방법 및 권한)

1. 을 측이 ○○할 시, ○○한 당일부터 1주일 이내에 폐기해야 한다.
2. 갑 측의 동의 없이 을 측이 함부로 제 3자에게 ○○을 제공할 수 없다.
3. 일부 또는 전부 ○○에 대해 을 측은 ○○을 하면 안 된다. 을 측은 갑 측의 동의 없이 ○○을 할 수 없다.

제6조 (신청관련)

을 측은 12개월 간격으로 우편 또는 팩스로 갑 측에게 ○○○을 알려야 한다. 단, 협상을 통해 생략할 수 있다.

제7조 (계약 기한)

본 계약은 계약한 날로부터 1년간 유효하며, 계약만기 도래 한 달 전에 양측 어느 측에서도 계약해제 요구가 없으면 본 계약은 1년 단위로 연장된다.

제8조 (비용관련)

갑 측은 계약기간 내에 을 측으로부터 ○○비를 면제한다.

제9조 (위약관련)

1. 을 측이 계약서 모 조항을 위배 시, 갑 측은 상대측에 경고

할 권한이 있다. 시한 내에 수정하지 않으면 갑 측은 계약을 파기할 수 있다.

2. 위의 조항을 위배 시, 위배한 측은 반드시 상대측에 조항 위배로 인한 손해배상을 해야 한다.

제10조 (예상외의 사항)

천재지변 또는 예상치 못한 요인으로 계약을 이행할 수 없을 경우 양측 모두에 책임이 따르지 않는다.

제11조 (갑 측과 을 측의 책임)

1. 을 측은 반드시 한국의 허가권을 소유한 ○○회의 지침과 정책 그리고 한국 ○○○에 관련 법령을 준수해야 한다.
2. 갑 측은 ○○의 다양성을 위해 지속적인 노력을 해야 한다. 갑 측은 ○○할 때 대중의 이익을 위배해서는 안 되며 개인의 권리를 침해해서도 안 된다. ○○ 내용에 반드시 책임을 져야 한다.

제12조 (협의)

본 계약서에서 언급되지 않은 조항 또는 이의가 있는 부분에 대해서 양측은 해결하기 위해 최선의 노력을 해야 한다.

이상 내용을 계약 체결의 근거로 하며, 본 계약서는 한국어와 중국어로 각 2부씩 작성해 서명하고 인장을 찍은 후, 한국어와 중국어 본을 각 갑 측과 을 측이 2부씩 소지한다.

년 월 일

을 측 : (주)한국○○○사	갑 측 : 중국○○○본사
대표 :	대표 :

② 중국어

中国○○○总公司与(株)韩国○○○会社
关于○○○的合同书

中国○○○总公司(CITVC)(以下称“甲方”)和(株)韩国○○○会社(以下称“乙方”)关于○○○事宜[1], 签订如下合同。

第1条 (乙方的权利)

甲方以○○○的方式向乙方提供○○○, 乙方有权通过乙方的○○○。乙方的权限范围在○○○内, 并且不具有独占权。

第2条 (保守秘密)

甲方和乙方都不许向第三者公开该[2]合同书的内容。
但执行法院的法令或相关法规时可例外, 如出现上述情况时, 公开方应提前以邮寄或电传方式书面向对方通知。

第3条 (提供方法)

1. 甲方通过○○○提供○○○。
2. 若○○○根据需要更改○○, 或因○○○停止○○时, 乙方应给予谅解。
3. 从○○○所需要的全部费用由乙方承担。

---

1) 事宜 shìyí, 일, 사건, 일처리, 본래는 “일의 안배와 처리”라는 뜻.
2) 该 gāi, 이, 그, 저.(앞에서 언급한 사람이나 사물을 가리킨다)

第4条 (关于著作权)

关于节目著作权的事宜，由甲方负责办理。

第5条 (○○使用方法及权限)

1. 若乙方○○○时，要从○○之日起在一个星期内消毁。
2. 未经甲方的书面同意，乙方不能私自向第三者提供全部或部分○○。
3. 对个别○○的部分内容或全部内容，乙方不许有○○○行为。并且未经甲方的同意，乙方不许○○。

第6条 (申请○○)

乙方应每隔12个月以邮寄或电传方式向甲方通知○○○，但通过协商也可省略。

第7条 (合同期限)

该合同从签定之日起1年有效。如在期满前一个月双方中的任何一方未书面提出终止协议的要求，本协议则按一年为周期顺延。

第8条 (○○费用)

甲方同意在本合同期限内免收○○○费。

第9条 (关于违约)

1. 若乙方违约该合同的某项条款时，甲方有权向对方警告，并限期内不加以改正的话，甲方有权废除合同。
2. 如违背上述条例时，违方必须向对方赔偿违背该事项所造成的损失。

第10条 (不可提防的事项)

不管是哪一方因为天灾或不可提防的因素不能履行

合同时，可以不承担责任。

第11条 (甲方和乙方的责任)

1. 乙方必须遵守在韩国具有许可权○○○会的方针政策及韩国○○○或有关法令。
2. 甲方要不断努力丰富○○内容。甲方○○时，不能违背大众的利益，也不能侵害个人的权利，对○○内容必须要负责任。

第12条 (协议)

对该合同上没提到的事项，或有异议的部份，双方要诚心诚意[3]努力去解决。

以上是签定合同的依据，把该合同以韩国语和中国语各备两份签名盖章，然后[4]由甲方和乙方各保存韩文和中文的两份合同书。

年　月　日

甲方：中国○○○总公司	乙方：(株)韩国○○○会社
代表：	代表理事：

---

3) 诚心诚意, chéngxīn chéngyì, 성심성의.

4)

以后 yǐhòu	然后 ránhòu
앞의 문장에 비해 장래의 일을 도출	앞의 문장이 발생한 직후에 상황을 도출

2. 서신

① 한국어

존경하는 ○○○ 해남성장님 :

제8차 섬관광정책포럼은 ○○○ 성장님의 탁월한 리더십으로 성황리에 막을 내림은 물론 소기의 효과를 거두었다고 생각됩니다.

저를 비롯한 제주도 방문단은 해남도 방문 시 해남성 주민들의 따뜻한 환대와 해남도의 아름다운 정취를 만끽하면서 섬관광정책포럼의 회원으로서, 그리고 자매결연 도시로서 깊은 감명을 받았습니다.

특히 성장님께서 우리에게 베풀어 주신 환대와 깊은 관심에 진심어린 감사를 드립니다.

오늘날 해남성의 눈부신 발전은 ○성장님의 사업에 대한 열의와 추진력이 뒷받침되었기에 가능하였다는 사실을 알게 되었습니다. 제8차 섬관광정책포럼, 보아우국제포럼, 해남카니발축제의 성공적 추진은 해남성의 무한한 잠재력을 보여주는 충분한 사례라고 생각합니다.

섬관광정책포럼 회원 간의 상호 개방과 협력을 바탕으로 관광 진흥이라는 하나의 목표로 구체적인 대안을 모색하여 현실화하는 데 주력한다면 아시아·태평양 지역과 더불어 우리 포럼이 세계의 중심무대로 부상할 것을 믿어 의심치 않습니다.

제8차 섬관광정책의 무드를 타고 제주-해남 양 지역 간 우정이 깊어짐은 물론 다양한 분야에서 교류와 협력을 통해 실질적인 효과를 이끌어 낼 수 있으리라고 믿습니다.

편한 시간에 성장님께서 제주를 방문하여 저희 지사님을 뵙고 함께 제주-해남의 교류 활성방안을 모색했으면 하고 간절히 바라는 바입니다.

○○○ 성장님의 건승과 해남도의 무궁한 발전을 기원합니다.

년 월 일

한국 제주도 정무부지사 ○ ○ ○

② 중국어

尊敬的○○○海南省省长：您好！

在您的英明领导下第八届[5]岛屿观光政策论坛不仅取得了圆满的成功，而且达到了预期的效果。

我们济州代表团一行此次访问海南岛，淋漓尽致[6]地领会到了海南人民的深情厚意[7]和美丽的海南风光。作为论坛的一员，更作为姐妹城市，我们的感受非浅。

我代表我们全体成员向○○○省长记给予我们的盛情款待和热情而细致的关怀再次表示真挚的感谢！

今日海南省能够取得如此突飞猛进[8]的发展，我认为这在于○○○省长的英明决策。成功地举办第八届岛屿观光政策论，博鳌亚洲论坛，首届中国青年欢乐节，[9] 这充分[10]展现了

5) 届 jiè

동사 : 이르다, 다다르다	양사 : 회, 기(뒤에 次가 올 때), 차

6) 淋漓尽致, 성어, lín lí jìn zhì, (말이나 글이) 투철하다, 매우 철저하다, 아주 통쾌하다.
7) 深情厚意, 성어, shēn qīng hòu yì, 깊고 두터운 정.
8) 突飞猛进, 성어, tū fēi měng jìn, 비약적으로 발전하다.
9)

岛屿观光政策论坛 dǎoyǔguānguāngzhèngcè lùntán	博鳌亚洲论坛 bóàoyǎzhōulùntán	中国青年欢乐节 zhōngguóqīngnián huānlèjié
섬관광정책포럼	보아우국제포럼	해남카니발축제

海南省具有的无限潜力。

我认为我们要把岛屿观光政策论坛成员之间交流和合作为基础，并把旅游振兴作为共同目标，[11]不断探索具体方案，而且积极地落实下去，我们论坛将随着亚太地区的发展会矗立于世界的中心。

我深信借助第八届岛屿观光政策论坛的成功，我们能进一步加深济州-海南两地区之间的友谊，还通过各方面的交流和合作取得实质性的成果。

希望您方便的时候能够访问[12]济州，与我们道知事相会，共同探讨加强济州-海南之间的交流方案。

祝您身体健康！[13]

---

10) 충만하다, 잘 갖추어졌다.

充足 chōngzú	充分 chōngfèn
물질 · 시간 방면 enough	정신 · 의식 방면 (모든 방면을 다 고려하는)

11) 把 bǎ ~ 作为 zuòwéi …, ~을 …로 삼다.

把~作为基础	把~作为共同目标
~을 기초로 하다	~을 공동목표로 하다

12)

访问 fǎngwèn	参观 cānguān
대상 : 사람(장소)	대상 : 장소

13) 서신의 '祝颂语' 일람표

祝海南省繁荣昌盛!

至此

年　月　日

韩国济州道政务副知事 ○○○

연장자	동년배	연소자
敬颂大安	祝你生活愉快	祝幸福
恭祝福安	祝你节日快乐	祝健康
恭颂金安	祝你工作顺利	祝学习好
敬请近安	祝你万事如意	祝工作好
敬祝吉安	祝你鹏程万里	祝身体好
恭祝台安	祝你马到成功	祝成绩优异
谨颂崇安	此致敬礼	祝生活快乐
……	……	……

3. 슬로건

① 한국어

도정운영방침

— 제2의 도약 제주, 하나 된 힘으로 —

1. 희망을 심는 선진제주경제 실현
2. 도민주도의 국제자유도시 추진
3. 미래를 여는 특별자치지역 완성
4. 자립협력의 제주복지사회 구현
5. 특성을 살린 탐라문화예술 진흥

② 중국어

道政實行方针

— 万众一心[14], 重振济州 —

1. 实现兴旺发达的济州经济。
2. 推进道民主导型国际自由城市。
3. 完成展望未来的特别自治区。
4. 创建互助互利[15]的济州福利社会。
5. 振兴富有特色的耽罗文化艺术。

---

14) 万众一心, 성어, wàn zhòng yī xīn, 모든 사람이 한 마음이다.

15) 互助互利, hùzhù hùlì, 서로 돕고 서로 이득을 보다.

① 한국어

시책방향

1. GRDP 10조원의 '선진제주경제' 이룩
2. 신 성장 동력으로 '제주형미래산업' 육성
3. 기업하기 좋은 '국제자유도시' 본격 추진
4. 동북아의 '휴양형 종합관광 허브' 지향
5. 도민이 주인 되는 '특별자치지역' 완성
6. 감귤산업발전과 '청정 1차산업수도' 실현
7. 인간과 환경이 조화된 '녹색평화도시' 구현
8. 수눌음 정신으로 '제주형 복지사회' 구현
9. 4·3 후속사업의 본격 추진과 '평화의 섬' 실현
10. 문화예술의 창조적 계승과 문화자원 산업화

⇩

② 중국어

实施目标

1. 实现道民生产总值[16]10万亿(韩元)的先进济州经济。
2. 借助成长之新动力，培育济州型未来产业。
3. 大力发展便于创业的国际自由城市。
4. 要把济州建设为东北亚修养型综合旅游中心。
5. 开创道民为主人的特别自治区。
6. 优化柑橘产业，开创绿色第一产业之首范。
7. 建设成人类和环境协调发展的绿色和平城市。
8. 创建互助精神带动的济州型福利社会。
9. 积极落实"4·3"支援政策，建设和平之岛。
10. 继承和发扬文化艺术，搞好[17]文化资源产业化。

---

16) 生产总值, shēngchǎn zǒngzhí, 생산 총액.

17) 搞好 gǎohǎo, (일을) 잘 해내다, 더할 나위 없이 잘하다.

通譯 제5과

관광안내

① 한국어

시작 멘트

이렇게 만나 뵙게 되어서 대단히 반갑습니다.

먼저 55만 제주도민을 대표해서 여러분의 제주여행을 진심으로 환영합니다. 저는 이틀간 여러분의 여행을 안내할 중국어가이드 ○○○입니다. 여행 도중 불편하시거나 의문 나는 점이 있으시면 앞에 있는 저를 찾아주시면 성심성의껏 여러분의 손과 발이 되어 일할 것을 약속드립니다. 아무쪼록 이번 여행이 평생에 잊지 못할 즐겁고 유익한 여행이 되시기를 바랍니다.

옷깃만 스쳐도 인연이라는데 우리 손님들과 저는 전생에 인연이 있었나 봅니다. 며칠 동안 이렇게 한 차를 타고 함께 관람을 하게 되었으니 대단한 인연이 아니겠습니까? 이 인연을 소중히 간직하고 함께 이번 여행을 즐겁고 유익한 시간으로 만들어봅시다.

창밖을 보십시오. 날씨가 무척 맑죠? 우리 제주도 날씨는 변덕이 하도 심해서 우리 제주도 사람들도 1년 365일 중에 한라산 정상을 볼 수 있는 날이 50여 일에 불과해서 이렇게 맑은 날씨는 상감마마가 지나가는 날이라고 하는데, 여러분들 덕이 참 많으신가 보죠. 날씨가 말해주고 있습니다.

자 그럼 이렇게 좋은 날씨에 여러분들을 모시고 갈 일정을 먼저 소개해 드리겠습니다. 오늘은 먼저 제주 서쪽 코스에 따라 관광을 하겠습니다. 관광지 ○○○을 거쳐 ○○○ 등을 둘러보겠습니다.

제주도 소개

(1)

그럼 지금부터 제주도에 대해서 알아보도록 합시다. 한국인에게 있어서 제주도는 이국적인 남국의 정취가 살아 숨 쉬고 신비와 낭만이 조화를 이루는 동경의 섬입니다. 신혼여행, 수학여행, 가족여행과 휴양지로 가장 먼저 찾는 곳이 바로 제주도입니다. 중국에 만리장성에 다녀오지 못하면 진정한 사나이라고 할 수 없다는 속담이 있듯이 한국인이라면 대부분 한번쯤은 제주도에 다녀갔습니다. 연간 제주 방문 관광객은 500만 명에 달합니다.

외국인들에게 있어서 제주도는 전원적인 전경을 갖춘, 고요하면서도 낭만이 흘러넘치는, 순박함과 현대화가 조화를 이루는 환상의 섬입니다. 제주를 찾는 외국 관광객은 연간 50만 명에 육박하며 그 중 중국 관광객이 급격히 증가하고 있습니다. 전에는 일본 관광객이 가장 많았고 다음으로 미국, 세 번째로 중국인(화교권 전체)이었으나 지금은 중국 관광객이 가장 많습니다. 이점에서도 우리는 놀라운 속도로 급부상하고 있는 중국의 위력을 엿볼 수 있습니다. 이는 중국어를 공부하는 우리에게도 고무적이며 자랑스럽습니다.

(2)

제주도는 한국의 최남단에 위치한 타원형의 화산섬입니다. 섬의 동서 길이는 73km이고 남북 길이는 41km, 해안도로를 따라 개설된 일주도로는 181km입니다. 총면적은 1845㎢이며 쉽게 아시려면 우리나라 수도 서울의 3배, 부산의 5배 크기에 해당합니다. 19○○년에 관광도시로 지정되어 한국의 최고의 관광지로 자리매김하고 있습니다. 섬 전체에 무려 1800여종의 다양한 자연식물이 자생하고 있어 식물의 보고로 불리고 있습니다.

지정학적 위치로 볼 때 제주도는 인구 천만 명이 넘는 도시 북경, 동경, 서울 등 5대 도시와의 비행거리는 2시간이내입니다. 제주와 서울은 50분이 걸리는 거리로 중국, 일본, 홍콩, 대만 등에 직항노선이 개설되어 있습니다.

이러한 이점을 토대로 1999년에 국제자유도시로 지정되었습니다. 따라서 노비자와 면세가 허용됨은 물론 더 많은 국제항공노선이 개통됨으로써 명실상부한 관광낙원으로 발돋움하고 있습니다.

제주도 행정구역은 제주시와 서귀포시 2개시로 나뉩니다. 제주시는 신제주와 구제주로 나뉘는데 우리가 바로전 도착한 공항이 자리잡고 있는 도시가 신제주입니다. 호텔과 오락시설들이 주로 신제주에 분포되어 있습니다. 구제주에는 역사적 유물과 주민 생활권이 주류를 이루고 있습니다. 서귀포시는 관광지와 고급호텔이 집중되어 있습니다. 또한 2002 월드컵 축구 경기가 이루어졌던 도시입니다. 중국과 브라질 팀의 경기가 바로 서귀포 월드컵 경기장에서 진행됐습니다. 빼어난 자연 경관과 청정 환경을 갖춘 제주도는 때를 가리지 않고 찾아드는 관광객들로 사시사철 활기가 넘칩니다.

제주도를 찾는 관광객들이 비행기에서 내리자마자 느끼는 것은 정말 공기가 신선하다는 것입니다. 바로 이것 때문에 제주도는 장수의 섬으로 불리며 한국에서 평균 수명이 가장 깁니다. 그래서 예부터 진시황이 사자를 제주도에 보내 불로초를 채집하게 했다는 전설이 널리 전해지고 있습니다. 지금은 제주도 한라산의 청정공기를 상품화해서 본격적으로 판매하고 있습니다.

(3)

이어서 제주도 기후에 대해 간략하게 말씀드리겠습니다.

기후는 따뜻한 난대성 해양성 기후로 가장 더운 여름이 33℃, 가장 추운 겨울이 영상 1℃이며 연평균 16℃정도입니다. 한국에서 연교차가 가장 적습니다. 연강수량은 1400-1800㎜로 한국에서 강수량이 가장 많습니다.

제주 날씨는 꽤 변덕스러워 연중 청명한 날씨는 약 50일에서 60일에 불과합니다. 봄, 여름, 가을, 겨울 사시사철의 아름다움을 제주도에서 볼 수 있으며 3월부터 유채꽃이 피기 시작하여 4월이면 넘실거리는 진황색의 물결을 타고 싱긋한 봄꽃 향내가 대지를 적십니다. 이때도 한라산 정상에는 녹지 않은 설경이 남아서 자연의 신비를 다시 한 번 느낄 수 있게 해줍니다.

사면이 바다로 둘러싸인 제주도는 곳곳에 해수욕장이 산재되어 있어 마음껏 해수욕을 즐길 수 있습니다. 이와 더불어 사람 마음까지 시원하게 해주는 울창한 녹음은 제주도를 최적의 피서지로 만드는 데 손색없게 해줍니다.

가을에는 산을 붉게 물들이는 단풍과 귤이 노랗게 물들기 시작하면서 화사하게 물들어지는 대지는 시가 넘쳐흐르는 한 폭의 그림과 같습니다. 겨울의 제주, 한라산에는 온통 하얀 눈으로 쌓여있고 평지에는 상록수의 푸른 잎이 넘실거려, 보는 이들의 눈을 즐겁게 해주는 전경이 펼쳐집니다.

② 중국어

开 场 白[1)]

大家好！

在此能够认识各位嘉宾，深感荣幸[2)]。

我首先代表55万济州道民，对大家济州之行表示衷心的欢迎。我是这两天为大家服务的中文导游[3)]○○○。大家有什么吩咐或不便之处，尽管[4)]讲，我一定会尽力而为[5)]的。总之，我衷心地期望，这次济州之行能为大家留下终身难忘的回忆。

中国不有一句这样的话吗？"有缘千里来相会，无缘对面不相识"[6)]看来[7)]，我们的缘分确实不浅，这样坐在一辆车里，

---

1)

开场白 kāchǎngbái	主体 zhǔtǐ	结束语 jiéshùyǔ
머리말, 서두, (극에서) 막을 열기 앞서하는 말	주체, 주요 부분	결어, 맺는말, = 结语

2) 深感荣幸, shēngǎn róngxìng, 대단한 영광으로 생각합니다.

3) 中文导游, Zhōngwén dǎoyóu, 중국어 가이드.

4) 尽管 jǐnguǎn

접속사	부사
비록~일지라도, ~임에도 불구하고 ≒ 虽然	맘껏, 실컷, 서슴없이 ≒ 只管

5) 尽力而为, 성어, jìn lì ér wéi, 있는 힘을 다하여 일하다.

6) 有缘千里来相会，无缘对面不相识。Yǒu yuán qiān1lǐ lái xiānghuì, wú yuán duì miàn bù xiāngshì。연분이 있으면 천리 밖에서도 만나고, 연분이 없으면 만나도 몰라본다.

7) 看来 kànlai, '보아하니'라는 뜻으로 객관적인 평가나 추측을 나타낸다.

还要两天一起[8]游览。我们要珍惜[9]这美好的缘分，为使我们的旅游更富有意义共同努力吧。

现在请大家看外边，天气格外的晴朗吧？大家所看到的山就是象征济州，象征韩国的汉拿山。济州的天气变化无常，像今天这样能看到汉拿山全景的天气，一年365天也只有50天左右，所以我们济州人管这样的日子叫皇帝驾到的日子。看来我们客人确实很有福气，老天都这么做媒。据[10]我观察也只有贵宾驾到时候，才有如此晴朗的天气。那么，大家是什么样的客人，就不言而喻[11]了吧？

好，现在我先简单地给大家介绍一下今天的日程安排。

今天我们所游览的是西部路线，景点有○○○。

介绍济州岛

(1)

现在我来简单介绍一下济州岛。一说起济州岛，在我们韩

---

8) 함께.

一块儿 yīkuàir	一起 yīqǐ	一同 yītóng
(구어)		(서면어)

9)

爱护 àihù	保护 bǎohù	珍惜 zhēnxī
(사람·동물·사물) 애호하다, 보살피다	(사람·사물) 보호하다	(시간·생명·자원·감정) 귀히 여기다, 아끼다

10) 据 jù, ~에 근거하여, ~에 비추어.

11) 不言而喻, 성어, bù yán ér yù, 말하지 않아도 잘 알 수 있다. 더 말할 것 없다.

国人眼里，济州岛是富有异国情调，神秘而浪漫的向往之岛。蜜月旅行，毕业旅行，家庭旅行，度假旅行，首选之地便是济州岛。就像中国“不到长城非好汉”[12]一样，韩国也是“不到济州岛，谈不上[13]是真正的韩国人”了。一年光顾济州的游客就达500多万。

在外国人眼里，济州是富有田园景色，安逸和浪漫，纯朴与现代化并存的梦幻之岛。所以一年访问的外国客人，就有四五十万，并且中国客人越来越多[14]。以前[15]是日本最多，其次是美国，然后是中国（包括港澳台[16]），可现在中国越居第二位。从[17]这儿我们也可以感觉到欣欣向荣[18]的，突飞猛进的中国。为此我们学习中国语的学生，也感到振奋，感到荣

---

12) 不到长城非好汉。Bù dào Chángchéng fēi hǎohàn, 만리장성에 가보지 못하면 사내대장부 아니다.

13) 谈不上 tán bu shàng, 동작의 실현 가능성의 여부.

동사	得 / 不 (가능보어)	방향보어

14) yuè(lái)yuè

越来越+형용사/(일부)동사+(了)	越~越~
점점 더 ~하다	~할수록 ~하다

15)

以前 yǐqiān	从前 cóngqián
현재 혹은 어떤 시기 이전의 한 시기를 나타낸다. 구체적 시점 뒤에 써서 과거・현재와 미래를 나타낼 수 있다	과거의 시간을 나타낸다. 보통 현재와 거리가 멀어진 시간을 가리킨다. 과거만 나타내고 현재 미래는 나타낼 수 없다

16) 港澳台, Gǎng Ào Tái, 홍콩・마카오・대만의 통칭.

香港 Xiānggǎng	澳门 Àomén	台湾 Táiwān
홍콩	마카오	타이완

幸。

(2)

济州岛位于韩国的最南端，是个椭圆形的火山岛。岛的长轴，也就是东西长为73km；短轴，也就是南北长为41km，环岛路长为181km，面积为1845㎢[19]是首尔的3倍，釜山的5倍。在韩国360个岛屿中最大的岛，由8个有人岛和54个无人岛组成。19○○年济州岛指定为旅游城市，是韩国首屈一指[20]的旅游胜地。 济州岛滋生1800多种自然植物， 也堪称植物的宝库。

济州从地理位置上看，与人口多达一千万以上的北京、东京、首尔等五大城市仅有两个小时的航程。济州到首尔只需要50分钟，并设有直达中国、日本、香港的航班。

为了要充分地发挥这一优势，1999年又把济州指定为国际自由城市。成为国际自由城市，就会免签证[21]、免税，并开

---

17)

从 cóng	在 zài
주로 동작이 진행되는 기점	주로 동작이 진행되는 장소

18) 欣欣向荣, 성어, xīn xīn xiàng róng, 초목이 무성하다, 무럭무럭 자라다, (사업이) 왕성하다, 약동하다.

19)

km	km^2
公里	平方公里

20) 首屈一指, 성어, shǒu qū yī zhǐ, 첫째로 손꼽다, 으뜸가다.

21)

护照 hùzhào	签证 qiānzhèng	入境卡 rùjìngkǎ	旅行支票 lǚxíngzhīpiào
여권	비자	입국신고서	여행자수표

设许多直达国际航线，济州将会成为“旅游天国”的。

济州岛行政区分为四大区：两个市两个郡。两个市是济州市和西归浦市，济州市又可分为老济州市和新济州市，我们刚才下飞机的机场所在的城市就是新济州市。宾馆、娱乐设施比较[22]集中在新济州，老济州市是家庭文化遗迹和居民生活区成为主流。西归浦市是名胜和高级宾馆汇集在那里，也是2002年举办世界杯足球赛[23]的城市之一。两个郡是以汉拿山为中心，北侧为北济州郡，南侧为南济州郡。优美而无污染的自然环境，不分什么季节，都吸引着无数海内外的游客。

大家下飞机的第一感觉就是：噢！空气好新鲜阿！所以济州老年人都非常长寿，平均寿命在韩国最高。所以自古就流传着秦始皇派人到济州采不老草的传说。[24]

(3)

现在我要简单地给大家介绍一下济州的天气。

济州是暖带性海洋性气候，最热的夏天为33℃，最冷的冬天为零上1℃，年平均气温为16℃左右，在韩国温差最小

---

22) 比较 bǐjiào

비교하다	비교적	~보다
(동사) A和B比较起来	(부사) 比较好的	(전치사) A比较B ~

23) 世界杯足球赛, Shìjièbèi zúqiúsài, 월드컵 축구 경기.

24) 진시황은 서복(徐福)에게 어린 남녀 수천 명을 딸려 보내 불로초를 찾아오도록 했으며, 서복은 정방폭포의 암벽에 본인이 이곳을 다녀갔다는 ‘서불과지’(徐佛過之)라는 글귀를 새겨놓고 서쪽으로 돌아갔다는 전설이 전해지고 있다.

的地方。年平均降水量[25]为1400㎜-1800㎜，在韩国降水量最大的地方。

济州的天气变化无常，一年四季晴朗的天气只有50多天。济州的春夏秋冬各有风姿，3月份开始盛开油菜花，到4月份黄色染成了济州大地，浓郁的花香扑鼻而来，而此时汉拿山山顶还冰雪融融，春天真是让人陶醉于大自然的神秘。

济州岛四面环海，随处可见海滨浴场，与之相称的绿荫，夏天，真是最好的避暑圣地。秋天满山的红叶，金黄色的桔子点缀着整个济州大地，真是富有诗情画意[26]。冬天，汉拿山白雪皑皑[27]，而平地上随处可见常绿树，真是让人赏心悦目，冬天是赏雪滑雪的天国。

---

25) 降水概率, jiàngsuǐgàilǜ, 강수량.

26) 诗情画意, 성어, shī qíng huà yì, 시적인 정취와 그림 같은 경치, 시나 그림처럼 아름답다.

27) 白雪皑皑, báixuě ái'ái, 주변 일대에 눈이 내려 새하얗게 쌓인 모양.

通飜譯 제6과

내용개요

1. 논문제요

① 한국어

논문제요

曹禺(1910~1996)는 세계적인 명성을 얻은 중국의 현대 話劇 작가로 많은 우수한 화극 작품을 발표하였다. 조우의 등장은 중국의 화극이 초보 단계를 벗어나 성숙 단계로 나아갔음을 의미한다. 그의 창작 활동을 종합해 볼 때 前期 극작으로 『雷雨』·『日出』·『原野』·『北京人』을 꼽을 수 있는데, 보통 이 네 편의 작품을 함께 '4대 名劇'이라 일컫는다. 특히 주목할 만한 점은 이 네 편의 작품이 조우 창작 활동의 최고봉이라 할 수 있을 뿐만 아니라 中國話劇史에 있어서도 본보기가 되는 작품이라는 점이다. 본 논문은 '4대 명극'이라 불리는 네 편의 화극 작품 위주로 조우의 생애에 관한 구체적인 자료에 근거하여 그의 전기 극작의 사상적 변화와 예술적 특징에 관해 설명하려고 한다.

본 논문의 내용은 크게 세 가지 부분으로 구성되어 있다.

첫째 부분은 조우에 관한 연구 상황과 기본 관점에 대한 것이다. 1949년 이전, 조우에 관한 연구는 작품의 사상적 주제에 관한 것이

주를 이루었다. 작품 자체의 예술적 가치에 대해서는 상대적으로 소홀한 경향이 있어 깊이 있는 연구가 이루어지지 못하였다. 新時期 이후 조우에 관한 연구는 더욱 학계의 관심을 끌게 되는데, 연구 논문의 수적인 면에 있어서나 연구 방법 혹은 연구 각도에 있어 더욱 다양해지고 연구의 깊이와 폭 또한 해방 전에 비해 크게 확대되었다.

둘째 부분은 조우의 전기 작품에 대한 사상적 변화에 관한 것이다. 조우의 전기 작품 『雷雨』, 『日出』, 『原野』, 『北京人』을 보면, 작품 전체에 그가 추구하고자 한 일종의 '원시적 힘'이 흐르고 있음을 느낄 수 있다. 『雷雨』에서는 불가항력적인 원시적 신비주의의 운명을 표현하였고, 『日出』에서는 빛과 희망을 상징하는 원시적 힘을 형상화하였으며, 『原野』에서는 원시적 野性의 힘과 원시적 猿人의 특징을 지닌 '仇虎'의 모습을 형상화하였다. 마지막으로 『北京人』에서는 작자의 비극적 관념을 승화시켜 사람은 자신의 운명을 지배할 수 있음을 드러내고 있다.

셋째 부분은 조우 극작의 예술적 추구에 관한 것이다. 조우의 작품은 줄곧 '현실주의'적 창작의 길을 걸어왔다. 특히 조우의 전기 작품에서는 조우 자신의 개인적 특징을 띤 '詩化된 현실주의'적 특징을 느낄 수 있다. 조우의 극작에는 다양한 예술 기법이 활용되고 있는데, 이는 조우가 서방의 현대주의 희극의 영향을 받은 것과 무관하지 않다. 그의 극작에는 과장, 변형, 잠재의식, 은유적 신비주의 등 다양한 예술적 기법이 사용되었다. 이밖에도 조우 극작의 민족성과 독창성은 작품의 예술성을 높이는 데 큰 작용을 하였다. 조우의 화극은 중국 전통 희곡 예술에서 좋은 본보기가 되었다. 예컨대 표현 기법, 인물 형상의 창조는 물론이고 희극 자체의 경지도 하나의 본보기가 되고 있다.

② 중국어

论文提要

曹禺作为中国和世界上知名的现代话剧[1]作家，一生创作了许多优秀话剧作品，曹禺的横空出世标志着中国话剧从童年走向了成熟。纵观[2]其一生中的创作，其前期的剧作《雷雨》、《日出》、《原野》、《北京人》(通常所说的"四大名剧") 尤其值得我们注意，这四部作品不仅是曹禺一生创作中的巅峰，同时亦是中国话剧史上的典范之作。本文主要以四大名剧《雷雨》、《日出》、《原野》、《北京人》为例，结合曹禺生平的具体史料，阐释其前期剧作的主题意识、人物形象与艺术特色的流变。

本论文主要由三大部分构成：

第一部分：研究现状及基本观点。解放前关于曹禺的研究主要着眼于对作品思想主题的探讨，而在很大程度上忽视了对其艺术的深入挖掘。新时期[3]以来，曹禺的研究更加

1) 话剧 huàjù, 중국의 신극. 중국의 희곡은 '문명희'의 단계를 지나 5·4신문화운동 기간 중의 여러 가지 사회문화적인 변혁을 거치면서 현대 화극으로 발전하게 된다.

'文明戏' ⟶ '现代话剧'				
화극 종사자 등장	전문적인 희극교육 시행	'爱美剧' 등장	교내연극, 아마추어극단 활약	화극 연출자 등장
1	2	3	4	5

2) 纵观 zòngguān, 마음껏 보다.

3) 新时期 Xīnshíqí, 신시기는 문화대혁명(1966.5~1976.10)이 끝난 다음 시기를 말한다. 이 시기에는 중국문학이 새로운 단계에 접어들었는데 상흔문학·반사문학·개혁문

受到学界重视，无论是论文的数量，还是研究方法，或是研究视角，都更加多样化，研究的深度和广度都比解放前大大地拓展了。

第二部分：曹禺前期作品的主题意识的流变。统观曹禺《雷雨》、《日出》、《原野》、《北京人》四部剧作，我们可以看出在曹禺作品中、原始力量始终贯穿其中：从《雷雨》中原始神秘命运的不可抗争，到『日出』中象征光明与希望的原始之力的刻画，再回归到《原野》中充满原始野性力量的具有原始猿人特点的仇虎的刻画，最后在《北京人》中完成了作者悲剧观念的升华，人是可以主宰自己命运的。

第三部分：曹禺剧作的艺术追求。始终坚持"现实主义"的创作道路。在曹禺前期剧作中，曹禺始终坚持现实主义创作道路，并形成了具有个人特征的"诗化现实主义"特色。多种艺术手法的运用。由于曹禺受西方现代主义戏剧的影响，在剧作中大量运用了夸张、变形、潜意识、隐喻神秘主义等手法。曹禺剧作的民族性和独创性。除了借鉴西方话剧创作手法之外，他的话剧创作对中国传统戏曲艺术的借鉴也是十分明显的。如对传统戏剧艺术表现手法的借鉴、人物形象塑造、戏剧意境的创造等。

학 · 심근문학 등이 연이어 출현하였다.

문화대혁명과 극좌적 문학 관념을 비판	건국 후 역사에 대한 반성	개혁을 묘사하고 찬양
상흔문학	반사문학	개혁문학

※참고

조우(曹禺 : 1910~1996)는 본명이 만가보(萬家寶)이고 자는 소석(小石)이다. 1910년 천진(天津)의 한 봉건관료의 가정에서 태어났다. 1922년에 남개중학(南開中學)에 입학하여 남개신극단(南開新劇團)에 가입하였다. 1928년 남개대학 정치학과에 입학하였으나 그 다음해에 청화대학 서양문학과로 편입하였다. 1933년 대학 졸업을 앞두고 나이 23세에 처녀작 「뇌우(雷雨)」(1934)를 발표하고 이어서 「일출(日出)」(1936) 「원야(原野)」(1937)[조우의 삼부작] 등을 발표하였다. 「뇌우」는 1933년에 창작되었고 1934년 7월 『문학계간(文學季刊)』 제1권 3기에 발표되었다. 「뇌우」 이후에 중국 화극은 정식으로 '극장희극'(劇場戲劇) 시기에 접어든다. 극장희극 시기의 대표적 극작가는 조우 외에 李健吾, 陽翰笙, 袁牧之, 于伶, 陳白塵, 宋之的 등이 있었다.

2. 역자의 말

① 한국어

역자의 말

우연한 기회에 이 작품을 접할 수 있게 되어서 나는 참으로 행운이라 생각한다.

이 책을 읽고 있노라면 가슴속에 잔잔한 음악이 흐르는 것을 느낀다. 마치 아름다운 대자연의 품이나 혹은 실제 동화나라에 들어가 있는 것과 같은 편안함과 따스함을 느끼고 그 안에서 인생의 참뜻을 깨닫게 된다. 우리가 평소 일상 속에서 스쳐가는 사소한 것들, 생명이 없는 무의미했던 것들이 이곳에서는 살아 움직이며 희로애락을 느끼는 인물로 형상화 되어 함께 호흡하고 공감하는 가운데 삶을 그려나가게 된다.

저자는 유려한 문체와 심오한 사고, 예리한 분석과 명쾌한 사유로써 삶의 순수함과 참뜻을 그려내고 있는데, 이를 통해 독자들은 깨달음과 용기는 물론 행복까지도 느끼게 된다.

또한 인생을 전혀 다른 사물과 시각에서 담담하면서도 깊이 있는 철학적 사고로 성찰함으로써 새로운 삶의 희망을 제시하고 있다. 가식 없는 소박하고 유려한 이 글은 한 편의 시와 같다.

이러한 감동적인 작품이 한글판에 국한되어 있는 것에 독자들은 많은 아쉬움을 느낄 것이다.

나 역시 이 글을 읽고 나서는 내가 태어나고 자란 중국의 지인들에게 소개하고 싶은 욕심이 생겼다. 한국문학을 접해보지 못한 사람들과 정호승 선생님의 글을 느껴보지 못한 많은 사람들이 이 책을 통해 하나 되는 공감대를 이룸으로써 인생이 더욱 아름다워지기를 희망한다.

이 얼마나 아름다운 욕심인가!

그럼에도 나의 부족한 글 솜씨로 정호승 선생님의 작품에 누가 될까 걱정이 앞선다.

내가 번역한 것은 단순한 문장이 아니라 대자연과 한 폭의 그림, 인생이라고 여겼기에 시작도 어려웠지만 완역까지 순탄치 않았다. 용기를 내어 최선은 다했지만 원작과 독자에 대한 송구스러움은 여전하다. 많은 훌륭하신 분들의 지도편달 하에 더욱 노력하고 다듬는다면 원작을 접하지 못한 많은 미지의 독자들에게 좋은 만남의 기회를 줄 수 있으리라 믿는다.

② 중국어

译者的话

我读了这本书，我有机会读了这部作品，我非常幸运地读到了这部作品。

拿起它，阅读它，合上它，内心无不[4]荡漾[5]着美妙的旋律。感到宛如[6]置身于美丽的大自然，栩栩如生[7]的动画世界，令人美丽陶醉，豁然明朗[8]，韵味[9]无穷，悟到了人生的真谛[10]。平时在自己的生活中，看似平平常常，不以为然[11]，无生无命，生硬死板[12]，不屑一顾[13]的东西，在这部作品中逼真[14]地转化为有血有肉[15]，有喜怒哀乐[16]的人物，与我们共呼吸，形成共鸣，共同勾画人生。

作者以其流畅的文笔，深邃的思想，透彻的心态，敏捷的

---

4) 无不 wúbù, ~하지 않는 것이 없다, 모두 ~이다.
5) 荡漾 dàngyàng, 출렁이다, 넘실거리다, 물결치다, 감돌다.
6) 宛如 wǎnrú, 마치 ~같다, 완연하다, = 宛然.
7) 栩栩如生, 성어, xǔ xǔ rú shēng, 마치 살아있는 것처럼 행동하다.
8) 豁然明朗, 성어, huò rán míng lǎng, (마음이) 확 트이다, 머리가 갑자기 트이다, 눈앞이 환해지다, = 豁然开朗.
9) 韵味 yùnwèi, 운치, 흥취.
10) 真谛 zhēndì, 진리, 진의.
11) 不以为然, 성어, bù yǐ wéi rán, 그렇다고 여기지 않다, 동의하지 않다, 찬성하지 않다.
12) 生硬死板, shēngyìng sǐbǎn, 딱딱하고 생기 없다.
13) 不屑一顾, 성어, bù xiè yī gù, 볼품없다, 볼만한 가치가 없다.
14) 逼真 bīzhēn, 꼭 같다, 실물과 다름없다.
15) 有血有肉, 성어, yǒu xuè yǒu ròu, 형상묘사가 생동하고 실감이 있다.
16) 喜怒哀乐, 성어, xǐ nù āi lè, 희로애락, 기쁨과 노여움과 슬픔과 즐거움.

思维，浓缩了人生，描绘了淳情，阐发了真理，给人以启迪[17)]、力量、幸福、充实。

这部作品从不同的事物，不同的角度，以纯真朴实，又不乏精辟深邃[18)]的哲理来议论人生，感召[19)]希望。

文笔优美，朴实无瑕，像一首首流动的诗。

这样动人的作品仅限于韩文，读过这部作品的人，谁都会感到未免[20)]有些可惜。

我读完它，抑制不住来自内心的冲动，要把它介绍给我所熟悉[21)]的中国人，就是生活在生我养我的土地上的人。真想给更多的人，给更多没有接触过韩国文学，没有感受过郑浩承先生作品的人，给创造一个会面的机会，来融合情感，产生共鸣，美化人生，共创未来。

多么美好的冲动，多么完好的设计！

然而面对作品，我却胆怯、困惑、忧郁。恐怕[22)]自己拙劣的文笔，亵渎郑浩承先生高尚的作品。

提笔难，进行更难。因为我翻译的不是文字，而是自然、图画、人生。虽然今日鼓起勇气，竭尽了全力，但仍掩饰不住对

---

17) 启迪 qǐdí, 깨우치다, 계발하다.

18) 精辟深邃, jīngpì shēnsuì, 투철하고 심오하다.

19) 感召 gǎnzhào, 감화를 받다.

20) 未免 wèimiǎn, 아무래도 ~이다.

21) 알다.

知道 zhīdao　<　认识 rènshi　<　熟悉 shǔxi
정도・상황에 따른 구분

22) 恐怕 kǒngpà, 아마, 어쩌면.(좋지 않은 일을 예측)

原作和读者的歉意。

但我坚信有诸多精英指引，加之不懈地努力，精心地雕琢，虽不及原作，但也能为无力读到原作的人，提供良好的相逢机会。

※참고

정호승(鄭浩承, 1950~)은 대한민국의 시인이다. 대구에서 출생하였고, 경희대학교 국어국문학과 및 동 대학원을 졸업하였다. 1973년 『대한일보』 신춘문예에 시 「첨성대」가 당선되어 등단하였으며, 1982년 『조선일보』 신춘문예에 단편소설 「위령제」가 당선되어 소설가로도 등단하였다. 시집으로 『서울의 예수』, 『새벽편지』, 『별들은 따뜻하다』 등이 있으며, 시 선집으로 『흔들리지 않는 갈대』가 있다. 제3회 소월시문학상을 수상하였다. 그의 시는 "일상의 쉬운 언어로 현실의 이야기를 시로 쓰고자 한다."는 평소의 소신처럼 쉬운 말로 인간에 대한 애정과 연민을 그려내곤 한다. 이에 1976년에는 김명인 · 김승희 · 김창완 등과 함께 반시(反詩)를 결성해 쉬운 시를 쓰려 노력하기도 했다. 한편 정호승의 몇몇 시는 양희은이나 안치환 등 가수들에 의해 노래로 창작되어 음반으로 출시되기도 했다.

通翻譯 제7과

문학번역

文学翻译
소설 산문 시가 동화 우언 영화문학 희극문학 등

문학번역이 가장 어려운 이유 두 가지	
1. 원작의 사상성 · 형상성 · 예술성을 번역해내기 어렵다	2. 원작의 풍격을 번역해내기 어렵다

① 한국어

비익조[1)]

여러분들은 세상에 태어나면서부터 팔다리가 한 짝뿐이라면 마음이 어떻겠습니까. 어쩌면 세상을 살고 싶은 마음이 없을지도 모릅니다. 그런데 비익조(比翼鸟)라는 새로 태어난 나는 불행하게도 태어나면서부터 왼쪽 날개 하나뿐이었습니다.

---

1) 「비익조」(『항아리』 중 제2편, 21~27쪽) 전문의 게재를 허락해 주신 정호승 시인과 도서출판 열림원 여러분께 감사의 마음을 표합니다.

처음에는 그런 사실을 잘 몰랐습니다. 그저 알에서 부화해서 눈부신 세상의 공기를 맛보는 기쁨으로만 가득 차 있었습니다. 엄마가 물어다주는 먹이를 부지런히 받아먹는 재미에 빠져 내가 날개가 한 짝뿐이라는 사실을 전혀 모르고 있었습니다.

차차 시간이 지나고 날기를 배워야 할 때쯤 되어서야 나는 내가 날 수 없다는 사실을 알게 되었습니다. 물론 처음에는 날기 위하여 온몸에 피멍이 들 정도로 수없이 둥지 밖으로 뛰어내렸습니다. 날지 못하는 새는 새가 아니라는 생각에, 그 정도 고통쯤은 어디까지나 날기 위한 하나의 과정일 뿐이라는 생각에 정말 열심히 둥지 밖으로 뛰어내렸습니다.

그러나 나는 곧 날개가 한 짝뿐이기 때문에 날 수 없다는 사실을 알게 되었습니다. 아무리 노력을 해도 날 수가 없어 내 몸을 자세히 살펴보자 뜻밖에도 날개가 한 짝밖에 없었습니다. 한쪽 날개만으로는 균형을 잡을 수 없어 아무리 노력해도 날 수가 없었습니다.

"엄마, 왜 내 날개가 하나뿐이지? 왜 하나뿐이야?"

나는 놀란 목소리로 엄마한테 물었습니다.

"너만 그런 게 아니다. 놀라지 말아라. 봐라, 이 엄마도 날개가 하나뿐이다."

엄마는 별일이 아니라는 듯 천천히 몸을 움직여 당신의 하나뿐인 날개를 보여주었습니다.

엄마의 날개도 정말 하나뿐이었습니다. 내가 왼쪽 날개 하나뿐인데 비해 엄마는 오른쪽 날개 하나뿐이었습니다.

"엄마 ……."

나는 제대로 말을 잇지 못하고 멍하니 엄마를 쳐다보았습니다.

언제 어디서나 마음껏, 하늘을 나는 엄마가 날개가 하나뿐이라고는 미처 생각하지 못한 일이었습니다.

"엄마뿐만이 아니다. 이곳에 사는 새들은 모두 날개가 하나뿐이다. 그러니 너무 걱정하지 말아라."

"엄마, 날개가 하나뿐인데 어떻게 날 수가 있어요? 나는 지금 날개가 하나뿐이기 때문에 날 수가 없잖아요?"

나는 엄마가 날개가 하나이면서도 날 수 있다는 사실을 도저히 이해할 수 없었습니다.

"그건 엄마가 어른이기 때문이다. 너도 어른이 되면 날개가 하나라도 얼마든지 날 수 있다. 그러니까 날기 위해서는 먼저 기다릴 줄 알아야 한다."

나는 엄마가 말하는 기다림을 이해할 수가 없어 다시 물었습니다.

"엄마, 기다림이 뭐예요?"

"그건, 우리를 날 수 있게 하는 귀한 것이다. 그러니까 우리들은 날기보다 먼저 기다림을 배워야 한다. 우리는 기다림 끝에 날 수 있다."

나는 엄마의 말씀에 적이 안심이 되었습니다. 어른이 될 때까지 참고 기다리기는 싫었지만 그날부터 어른이 되기를 기다렸습니다.

무엇을 기다린다는 것은 참으로 힘들고 인내를 필요로 하는 일이었습니다. 나는 둥지 안에서 늘 어른이 되기를 기다렸습니다.

시간은 흘렀습니다.

어느 날 아침 햇살이 나를 보고 "너도 다 컸구나." 하고 말했습니다. 나는 그 말을 듣는 순간 내가 어른이 된 것을 알게 되었습니다.

나는 당장 둥지 밖으로 나와 날기를 시도했습니다. 그러나 여전히 날 수가 없었습니다. 그저 오리처럼 뒤뚱거리다가 날개가 없는 오른쪽으로 픽 쓰러지기만 할 뿐이었습니다. 강한 바람이 불기를 기다렸다가 재차 시도해보아도 결과는 마찬가지였습니다.

"엄마, 어른이 되어도 날 수가 없잖아요?"

나는 원망이 가득 찬 눈길로 엄마를 쳐다보았습니다. 그러자 엄마가 빙긋 웃으면서 말했습니다.

"사랑을 한번 해보렴. 사랑을 해야 날 수가 있단다."

그 말을 듣는 순간, 나는 바위에 머리를 부딪친 것같이 정신이 멍했습니다. 그 말은 내가 생전 처음 들어본 말이었습니다.

"엄마, 사랑을, 어떻게 하죠?"

"네가 직접 한번 경험해보렴."

"사랑을 하지 않으면 날 수 없나요?"

"그렇단다. 우리는 사랑을 하지 않으면 날 수 없단다. 엄마가 한쪽 날개만으로 날 수 있는 건 바로 사랑을 하기 때문이란다."

날기 위해서는 사랑을 해야 한다는 사실을 나는 그때 처음으로 알았습니다. 엄마가 어른이 될 때를 기다려야 한다고 한 것은 바로 사랑할 수 있을 때까지 기다려다 한다는 것이었습니다.

나는 들뜬 마음으로 사랑을 찾아 길을 떠났습니다. 그러나 사랑이 어디 있는지 알 수 없었습니다. 엄마한테 물어보아도 어디까지나 내 힘으로 사랑을 찾아야 한다고만 할뿐 더 이상 아무것도 가르쳐주지 않았습니다.

"풀잎아, 사랑이 뭐니?"

나는 길을 가다가 풀잎에게 물었습니다. 풀잎은 그저 말없이 웃을 뿐이었습니다.

그런데 한참 길을 가다가 나랑 똑같이 생긴 새 한 마리를 만나 그만 눈이 딱 마주치고 말았습니다. 순간, 내 가슴은 떨려왔습니다.

사랑은 눈이 마주치는 것이었습니다. 그리고 마음속에 있는 것이었습니다. 풀잎처럼 눈에 보이는 것이 아니었습니다. 사랑을 무슨 풀잎의 이름인 줄 알았던 나 자신이 우스워 그만 픽 웃음을 터뜨렸습니다. 그러자 그 새도 나를 보고 웃음을 터뜨렸습니다. 우리는 처음 만나자마자 그렇게 한동안 웃음을 터뜨렸습니다.

우리의 사랑은 그렇게 웃음 속에서 시작되었습니다. 우리는 날기 위하여 서로 사랑을 찾아 나섰다는 사실을 곧 알아차렸습니다. 그도 사랑하면 날 수 있다는 사실을 잘 알고 있었습니다.

우리는 얼마 지나지 않아 같이 날기를 시도했습니다. 그러나 엄마의 말과는 달리 우리는 날 수가 없었습니다. 강한 바람이 불기를 기다려 서로 몸을 밀착시키고 함께 날개를 움직였으나 날기는커녕 그대로 언덕 아래로 곤두박질쳐버리고 말았습니다.

나는 엄마한테 대들 듯이 말했습니다.

"엄마, 사랑을 해도 날 수가 없어요. 왜 그런 거짓말을 하세요?"

"그건 네가 왼쪽 날개를 지닌 새를 만났기 때문이다."

엄마가 다시 빙긋이 웃으면서 말했습니다.

"넌 왼쪽 날개를 지니고 있기 때문에 서로 힘을 합쳐 날기 위해서는 오른쪽 날개를 지닌 새를 만나야 한다. 그러니까 왼쪽 날개를 지닌 새는 오른쪽 날개를 지닌 새를 만나야 하고, 오른쪽 날개를 지닌 새는 왼쪽 날개를 지닌 새를 만나야 한다. 그게 우리들의 만남의 불문율이다."

아이 참, 진작 그런 말씀을 해주시지.

나는 엄마한테 그런 말을 하고 싶었으나 속으로 꾹 참고 돌아섰습니다. 그러자 엄마가 조용히 나를 불러 세웠습니다.

"아들아, 중요한 것은 사랑에는 어떤 목적이 있어서는 안 된다는 것이다. 사랑은 그 어떤 목적을 이루기 위해서 있는 게 아니야. 사랑을 하다 보면 자연히 원했던 삶이 이루어지는 거야."

나는 엄마의 말씀을 가슴에 새기며 사랑을 찾아 다시 길을 떠났습니다. 나의 첫사랑은 분명 날아야 한다는 데에 목적을 둔 사랑이었습니다. 목적을 이루기 위한 사랑은 곧 파괴되고 만다는 사실에 마음이 쓰라렸습니다. 산다는 것이 생각보다 무척 힘든 일이라고 여겨진 것은 그때가 처음이었습니다.

"아들아, 엄마가 또 하나 빠뜨린 게 있다. 무엇보다도 중요한 것은 사랑을 하더라도 진실로 해야 한다는 것이다."

언제 다가왔는지 엄마가 다시 나를 불러 세웠습니다. 그리고 이번에는 내 눈을 똑바로 쳐다보면서, 여전히 엷은 미소를 잃지 않은 채 말했습니다.

"진실로 사랑하지 못하면 우리는 날 수가 없다. 우리가 사랑을 한다는 것은 바로 나머지 하나의 날개를 얻는다는 것이다. 그러니까 아들아, 사랑을 잃지 않도록 해라. 사랑을 잃으면 우리는 다시는 날 수 없게 된다. 그러기 위해서는 네가 먼저 사랑해라. 사랑을 받을 생각을 하지 마라. 줄 생각만 해라. 그러면 자연히 사랑을 받게 되고, 우리는 영원히 나머지 한쪽 날개를 얻게 된다."

나는 엄마의 말씀을 명심했습니다. 그리고 말씀 그대로 노력하고 실천했습니다.

지금 나는 한쪽 날개만으로도 마음껏 하늘을 날고 있습니다. 어떻게 날 수 있었느냐고요? 그건 더이상 얘기하지 않아도 아마 여러분들이 잘 아실 것입니다.

② 중국어

比 翼 鸟

要是[2]你一生下来[3]就缺只胳膊腿[4]，您的心情会怎么样呢？也许[5]你会丧失生活的勇气吧？我是一只比翼鸟[6]，不幸的是，降生时我只带有左翅膀。起初[7]我没太在意[8]这一点，从卵壳里出来，尽情地呼吸着人世间的新鲜空气，感到无比[9]幸福。贪婪[10]地吃着妈妈给叼过来的食儿，根本没有理会自己比别人少只翅膀。

---

2) 要是 yàoshi, '如果'와 같이 가설이나 조건 등을 나타낸다, 부정형은 '要不是'이다.

3) 生下来 shēng xia lai

동사	
起来 qilai	下来 xialai
동작이 진행・완성이나 목적의 달성	동작의 완성 혹은 결과

4) 胳膊腿 gēbotuǐ, 팔다리.

5)

恐怕 kǒngopà	大概 dàgài	也许 yěxǔ
아마, 어쩌면 (좋지 않은 일을 예측)	아마 (단순한 추측)	어쩌면 ~일지도 모른다

6) 比翼鸟 bǐyìniǎo, 암컷과 수컷의 눈과 날개가 하나씩이어서 짝을 지어야 날 수 있는 전설상의 새.

7) 원래, 이전, 본래.

原先 yuánxiān	从前 cóngqián	起初 qǐchū	原起 yuánqǐ

8) 在意 zàiyì, 마음에 두다, 개의하다, 주로 부정형으로 쓰인다.

不在乎 bùzàihu	不在意 bùzàiyì	不介意 bùjièyì	无所谓 wúsuǒweì
개의치 않다			상관없다

9) 无比 wúbǐ, 비할 바 없다, 아주 뛰어나다.

10) 贪婪 tānlán, 탐욕이 그지없다, 욕심이 끝없다.

我长大了，到了该飞的年龄，这时我才知道自己不能飞。当然，一开始我也试着想飞，无数次从鸟巢里跳下去，弄得[11]遍体鳞伤[12]。我觉得[13]不能飞的鸟不是真正的鸟。我以为[14]这不过是飞之前必须要经历的痛苦，因此拼命[15]地练习，从鸟窝里跳下去。

但我终于懂得了缺一只翅膀是不可能飞的。我再[16]怎样努力也是没有用的。于是，我便仔细地观察起自己的身子来了，竟然[17]发现自己只有一只翅膀。一只翅膀是不可能掌握[18]平衡的，多大的努力也是徒劳[19]的。

---

11) 弄得 nòngde, ~결과를 초래하다.

12) 遍体鳞伤, 성어, biàn tǐ lín shāng, 온몸에 상처를 입다, 온몸이 상처투성이로 되다.

13)

觉得 juéde	感觉 gǎnjué
~느끼다, 생각하다 뒤에 '到'가 올 수 없다	느끼다, 여기다, 감각, 느낌 뒤에 '到'가 올 수 있다

14)

认为 rènwéi	以为 yǐwéi	觉得 juéde
자신이 있는 판단에 쓰이고 때로 조심성이 없다는 느낌	말투는 '认为'보다 조금 약하고 소극적인 느낌	어기가 약하고 단정적이지 못한 느낌

15) 拼命 pīnmìng, 사력을 다하다.

16) '再'(zài)의 용법

다시 / 더욱 再	더 이상 再也	아무리~하여도 再~也	~다음에 等/先 ~ 再

17)

竟然 jìngrán	> 居然 jùrán	≠ 果然 guǒrán
뜻밖에 출현한 결과를 나타낸다	예측한 것과 결과가 일치하지 않음을 나타낸다 '竟然'보다 어감이 가볍다	예측한 것과 결과가 같음을 나타낸다

18)

把握 bǎwò	掌握 zhǎngwò
잡다, 움켜쥐다, 포착하다 자신, 가망, 성공의 가능성	장악하다, 숙달하다, 파악하다 (기술 정책 상황 방법 지식 등을)

“妈妈，为什么我只有一只翅膀，为什么只有一只？”我不懈地问妈妈。

“儿子，不要[20]害怕，不单是你这样。你瞧，妈妈也只有一个翅膀。”妈妈不以为然地慢慢张开了翅膀，让我看到了仅有的一个翅膀。

原来[21]，妈妈也只有一只翅膀。我有的是左翅膀，而妈妈是右翅膀。

“妈……。”

我泣不成声[22]，愣愣地望着妈妈。

我万万没想到能自由自在[23]空中翱翔的妈妈，原来也只有一只翅膀。“不仅妈妈这样。这里生活的所有鸟都只有一个翅膀。所以，你也不要过份地担心[24]。”

“妈，您只有一个翅膀，可怎么能飞呢？现在我不能飞，不就是因为缺只翅膀吗？”我怎么也想不明白，妈妈仅[25]有一

---

19) 徒劳 túláo, 헛수고를 하다.

20)

不要 bùyào	不用 bùyòng / 不必 bùbì
금지(~하지 말라) 你不要只看到缺点。	권고(~할 필요가 없다) 你不用那么焦急。

21)

原来 yuánlái	本来 běnlái
실제의 상황을 알게 되었다는 의미를 나타낸다	이치에 맞게 마땅히 이렇게 되어야 한다는 의미를 나타낸다

22) 泣不成声, 성어, qì bù chéng shēng, 흐느껴 울어 말소리가 나오지 않다, 소리 없이 울다.

23) 自由自在, 성어, zì yóu zì zài, 자유자재, 조금도 제한이나 속박이 없는 상태.

24)

担心 dānxīn	费心 fèixīn	操心 cāoxīn
걱정하다	신경 쓰다	애태우다

25) 강조의 의미

个翅膀怎么可以能飞呢?

“因为妈妈是大人。你要是长大成人，照样也能飞的。你想飞，就得[26]先学会等待。”我不懂妈妈所说的等待是什么。于是又问妈妈：“妈，什么叫等待?”

“等待是宝贵的东西，它能让我们飞。我们要飞，首先就得学会等待。这样，到时我们就能飞的。”听妈妈这么一讲，我心里多少踏实[27]了一点。我虽然不情愿等待那么久，但自那天开始还是[28]盼望快点长大成人。

等待意味着忍耐，这并非一件容易的事情。我在鸟窝里苦苦地期盼[29]着早日长大成人。

时间[30]在流逝。

有一天晨曦冲着我说：“你也长大成人了。”我听到此话的一霎那，懂得了自己已长大成人了。我立刻[31]从鸟窝里跑出

只 zhǐ <	仅 jǐn
단지, 오로지 범위나 수량을 제한하는 역할 只要 只有 只是	단지~에 지나지 않다 ‘只’와 같다 중복 가능 ‘仅仅’

26) 得 děi

걸리다, 필요하다	(마땅히) ~해야 한다	~임에 틀림없다

27) 踏实 tāshi, 착실하다, 마음이 놓이다, = 塌实.

28) 还是 háishi

(부사) 여전히	(부사) ~하는 편이 (더) 좋겠다	(접속사) 또는, 아니면

29) 期盼 qípàn, 기대하다, = 期待.

30)

时间 shíjiān	时候 shíhòu
틈, 여가, 시간, = 空(儿)	시점
一节课多长时间?	现在什么时候了?

来试着要飞，但仍是飞不起来。我就象鸭子似的扑蹬[32]了几下，便倒向没有翅膀的那一侧。我趁刮大风，试了又试，结果还是不能飞。

“妈，我已长大成人了，怎么[33]还是飞不了[34]呢？”

我用充满报怨[35]的眼神凝视着妈妈。妈妈便带着微笑回答：“你谈谈恋爱看看，彼此相爱才能飞的。”

听到此话的一刹那，我的头就象撞上了岩石，脑子里嗡嗡做响。从我生下来，我头一次听到这样的话。

“妈，怎么去爱呀？”

“你自己尝试一下吧。”

“没有爱，就不能飞吗？”

“是的，没有爱我们就不能飞。妈妈只靠一只翅膀能飞正是因为有爱情。”那时我才懂得，要想飞就得有爱情。妈妈要我等到长成大人，意思就是要我等到懂得爱情为止。

我的心情难以平静[36]。我开始动身[37]去寻觅爱情，但爱情

---

31) 곧(~하게 된다)

马上 mǎshàng	立刻 lìkè
시간이 임박하다	(상대적으로) 시간이 아주 임박하다

32) 扑蹬 fūdeng, 푸덕이다, 무턱대고 덤비다.

33) 怎么 zěnme, 동작의 원인이나 상황, 방식.

방법 방식 (Hou)	원인 이유 (Why)
怎么说才好呢?	他怎么还没来呀?

34) 飞不了 fēi bu liǎo

동사 + 得了	동사 + 不了
~할 수 있다	~할 수 없다

35) 报怨 bàoyuàn, 원망을 품다, 원망하다.

究竟在哪里呢？我怎么找也找不到。我问妈妈，妈妈也不告诉我，只是说再难也要自己去找。

“小草啊，你告诉我什么叫爱情。”我边走边问[38]小草，但小草只是笑一笑，也不吭声[39]。走着走着我忽然发现，有只鸟长得跟我一样，我们的眼神对上的一刹那，我的心开始剧烈地跳起来。

爱情原来就是这样彼此对上眼神，然后[40]把它珍藏在心里的，绝不是像小草那样能用眼睛看得见[41]的东西。可我原来还以为爱情是什么小草的名字呢，想起来真好笑，便“扑哧[42]”一声笑出声来了。那只小鸟也看着我，我们同时笑了

---

36)

安静 ānjìng	平静 píngjìng	清静 qīngjìng
조용하다, 고요하다	평온하다, 조용하다 차분하다	조용하다, 고요하다

37) 动身 dòngshēn, 출발하다.

38) 한편으로 …하고 한편으로 ~하다, …하면서 ~하다.

(一)边…(一)边~	一面…一面~
구체적인 동작에만 쓰인다 술어가 단음절 동사일 경우 '边'으로 줄여 쓴다	추상적인 동작에도 쓰인다

39) 不吭声 bù kēngshēng, 아무 말도 하지 않다.

40)

后来 hòulái	此后 cǐhòu	然后 ránhòu
시간의 선후를 강조 이미 발생한 일 开始/起先/起初+后来	시간의 연관성을 강조 이미 발생한 일 보통 단독으로 쓰인다	동작·상황의 발생 순서를 강조 과거 혹은 장래의 일 首先/先+然后

41) 看得见 kàn de jiàn

동사+가능보어(得)+결과보어	동사+가능보어(不)+결과보어
~할 수 있다	~할 수 없다

42) 扑哧 pūchī, 키드득, 키득 키득.(웃음소리)

起来。就这样，我们一见面就[43]笑了好长时间。

这样，我们的爱情在笑声中萌芽了。我们很清楚，彼此都是为了飞在寻找爱情。看来[44]他也很清楚，只有相爱才能飞。

没过多久我们就一起试着要飞。可是，现实并不像妈妈所说的那样，我们还是飞不起来。于是，我们就等着刮大风，把身子紧紧地贴在一起开始煽动着翅膀飞。可这叫什么飞呀，我们一起头朝下滚了下去。

我冲着妈妈大声嚷嚷："妈，现在我有了爱情，但为什么还是不能飞？您干吗[45]要跟我撒这个谎[46]?"

"那是因为你找到了带有左翅膀的鸟。"妈妈仍是平静地、不失微笑地说。"你有左翅膀，你想飞，就得找个拥有右翅膀的鸟，这样才能齐心协力[47]，实现飞的目的。也就是说有左翅膀的鸟应该找个带有右翅膀的鸟。相反，有右翅膀的鸟应该找个有左翅膀的鸟。这就是爱情的永恒的真理。"

---

43) 一 yī … 就 jiù～, …하자마자～하다, 하나의 동작이나 상황이 발생한 후 곧이어 다른 동작이나 상황이 발생함을 나타낸다.(시간적인 긴밀성)

44) '看来'(kànlai)는 '보아하니'라는 뜻으로 객관적인 평가나 추측을 나타낸다. 방향보어 '来'나 '去'가 '看' '说' '听' '想' '算' 등의 동사 뒤에 오면 방향을 나타내지 않고, '추측' 혹은 '어떤 방면에 착안함' 등의 추상적인 뜻을 나타낸다. '来'가 '去'보다 자주 쓰이며, 이러한 '来'는 모두 추상적인 뜻을 나타내는 '起来'로 바꾸어 쓸 수 있다.

45) 干吗 gànmá, = 干么.

무엇 때문에, 어째서	무엇을 하는가?	뭣하면

46) 撒(这个)谎 sā(zhège)huǎng, 거짓말을 하다, 허튼소리하다. 술목구조의 합성어에는 중간에 다른 성분이 올 수 있는데 이를 이합사(이합동사)라 한다. "동사+목적어"의 형태로 이루어진다. 이합사 중간에 올 수 있는 것은 동태조사 了 着 过, 동량사·시량보어, 한정·수식하는 성분 등이다.

47) 齐心协力, 성어, qí xīn xié lì, 마음과 힘을 합치다, 일치단결하다, = 齐心合力.

真是的，[48] 为什么不早说呢。

我真想跟妈妈这么说，但还是埋在心里没说出来。看我这样，妈妈就郑重其事地告诉我："孩子，你要知道最重要的是爱情不该抱有什么目的。爱并不是为了达到什么目的，只要真诚地去相爱，我们所追求的生活自然就能得以实现。"

我把妈妈的话铭记在心里，再一次去寻觅爱情。我的初恋，很显然把飞做为目的了。可悲的是有所企图的爱情是马上会遭到失败的。我这才感觉到，现实生活要比想象艰辛得多了。

"孩子呀，妈妈还有一句话忘告诉你了，就是爱也要真心实意[49]地去爱，这要比什么都重要。"

不知妈妈什么时候追上来，又教诲了我一番。妈妈注视着我，脸上带着微笑，跟我说："我们要不是真心地相爱，就不可能飞起来。我们拥有了爱，就等于得到了另一只翅膀。正因为这样，孩子你不应该失去爱情。我们一旦失去爱情，就不能飞。为此你应该主动给予爱，不要索取爱。这样你自然就会得到爱情，也等于永远得到了另一只翅膀。"

我把母亲的话牢记在心里，开始要把行动付之于[50]实践。

现在我靠一只翅膀，也能在天空尽情翱翔。你们一定很想知道我是怎么飞起来的，其实，这用不着我告诉，你们也清清楚楚的。

---

48) 真是的 zhēnshìde, 정말.(불만이나 미안함을 나타낸다)
49) 真心实意, 성어, zhēn xīn shí yì, 진실한 마음, 성심성의.
50) 付之于 fù zhī yú, ~에 맡기다, ~에 내버려 두다.

通譯譯 제8과 영상번역

클래식

- 1막 -

#01

지혜 어린 시절에 강 위에 떠 있던 커다란 무지개를 본 적이 있다. 그때 엄만 내게 이렇게 말씀하셨다. "무지개는 천국으로 들어가는 문이야. 사람이 죽으면 무지개문을 지나서 천국으로 가는 거란다." 아빠는 내가 어렸을 때 돌아가셨고, 엄마는 외국으로 여행을 떠나셨다. 난 오래전에 혼자가 된 엄마가 재혼을 하길 바라지만, 엄만 그렇지 않은가 보다. 내 이름은 지혜, 혈액형은 O형. 일곱 살 때부터 태권도를 배웠다.

智惠 我记得小时候见过河上横跨[1]着一道[2]大彩虹。那时妈妈告诉我，"彩虹是天堂的门，人死后便通过那扇门[3]

---

1) 横跨 héngkuà, 가로 걸쳐 있다.

2) 양사

道 dào	条 tiáo	股 gǔ
줄기 가닥 줄	(지형 구조물 관련) 줄기 가닥 갈래	가닥 줄기 냄새 무리

进入天堂”。爸爸在我小时候便过世，妈妈去了国外。我希望妈妈再嫁，但她不想。我叫智惠，血型是O型。我自七岁开始就学习跆拳道。

지혜　엄마와 아빠의 편지와 일기가 들어 있는 상자다. 엄마는 저 편지들을 꺼내보실 때마다 눈물을 흘리셨다. 그때 맡았던 냄새와 깨알 같은 글씨들…… 그 속에 엄마의 첫사랑이 들어 있었다.

智惠　这个盒子里装着我父母的信和日记。 妈妈每次看信，都黯然泪下[4]。文笔优美的信件和昔日的气息…… 妈妈的初恋就在这里。

지혜　누구세요?

智惠　谁呀?

수경　나야, 수경이.

秀景　是我，秀景。

지혜　아침부터 웬 일로 전화니?

智惠　你这么早打电话来，要干吗?

수경　오늘 미술관에 들렀다가 연극 보러 가는데 같이 갔으면 해서.

秀景　今天我跟尚民要去美术馆，然后[5]还要去看话剧，你一

---

3) 扇门 shànmén, 짝으로 된 문.

4) 黯然泪下, àn rán lèi xià, 섭섭하고 슬퍼서 눈물이 흐르다.

起去怎么样[6)]?

지혜　야, 너 나 또 들러리 서게 하려고 그러지?

智惠　什么? 你要我当电灯泡[7)]吗?

수경　아니야, 바보야! 상민이 오빠가 보자는 거야.

秀景　你说什么呀? 是尚民要请你一起去的。[8)]

지혜　정말?

智惠　真的吗?

수경　정말이라니까.

秀景　那还有假?

지혜　내가 상민 오빠를 알게 된 건 수경이 때문이다. 수경은 어느 날 연극반 상민오빠한테 보내는 이메일을 나에게 부탁

---

5)

然后 ránhòu	后来 hòulái
동작 발생의 선후를 강조한다 과거와 미래에 모두 쓸 수 있다	시간의 선후 순서를 강조한다 과거에만 쓸 수 있다

6) '怎么样'은 방식·성질·상태·상황을 물을 때 쓰인다. 문장 끝에 쓸 수 있다. '怎么'는 문장 끝에 쓸 수 없고 뒤에 '写' '做' '听' '读' '用' '拿' '看' '打' 등이 온다. '怎么'는 반어문 중에도 쓰이고, 문두에 쓰면 놀람의 어기도 나타낼 수 있다.

7) 电灯泡 diàndēngpào, 전구, 도리를 분별하지 못 하는 사람, 벽창호.

8) '是'는 강조해서 설명하려는 부분(일반적으로 동사구이다) 앞에 두고 '的'는 문장의 끝에 둔다.

강조
是+동사구/형용사구 또는 절+的
명사나 명사구가 올 수 없다

해왔다. 난 그렇게 거의 두 달 동안이나 수경이 대신 그에게 메일을 보냈다. "오늘은 벤치 아래 앉아서 책을 보는 오빠를 봤어요. 마치 그림엽서를 보는 듯했죠." 등등…….

智惠 我是通过秀景认识的尚民。[9] 有一天，她要我替她给尚民写电邮。[10] 我代她给尚民写信写了两个月。"今天我看见你坐在长椅上看书，那情景就像明信片上的画面" 什么什么的[11]……

지혜 그 후 수경은 연극반원이 되었다.

智惠 后来，秀景加入了剧团。

#02

단원 저 음침한 달빛이 내 창문에 당신의 그림자를 드리우게 할 줄은 꿈에도 몰랐습니다!

班员 没想到那隐隐的月光把你的身影洒落在我的窗户上。

상민 아냐! 그게 아니잖아! "저 음침한 달빛이 내 창문에 당신의 그림자를 드리우게 할 줄은 꿈에도 몰랐습니다!" 죠단은 에밀리가 떠나지만 자신의 집에 와준 것에 대해 한없이 기쁜 거야! 그 기쁨과 이별에 대한 슬픔이 교차하는 거야! 좀더 사실적으로 해봐!

尚民 不是，不是，不是这样! "没想到那阴阴的月光把你的

9) 목적어가 일반명사일 경우에는 "동사+的+목적어"와 "동사+목적어+的"의 어순이 모두 가능하다. 昨天你是几点睡的觉?(○) 昨天你是几点睡觉的?(○)(너는 어제 몇 시에 잠을 잤니?)

10) 电邮 diànyōu, 이메일, 전자우편, 'e-mail', EM.

11) 什么什么的, shénmeshénmede, 등등, 따위.

身影洒落在我的窗户上。” 爱梅妮离开了乔敦，可又回来看他，因此乔敦很受感动。你要表现得悲喜交集[12)]，再加点感情！

지혜　그를 바라보면 나도 모르게 숨이 막힌다. 하지만 그는 내게 눈길 한 번 주지 않는다. 나는 주문을 외워본다. 돌아봐라, 돌아봐라! 돌아봐 야! 얍!

智惠　看着他，我的心跳得这么厉害[13)]。可他连看都不看我一眼。[14)] 我要向他念咒。回头，回头！回头看我！哇！

상민　음악! 좋아!

尚民　来音乐！好！

수경　상민오빠 너무 멋있지 않니? 난 저렇게 일에 빠져있는 사람이 좋아. 봤어? “아냐! 아냐! 그게 아니잖아~! 저 음침한 달빛이 내 창문에 당신의 그림자를 드리우게 할 줄은 꿈에도 몰랐습니다.”

秀景　瞧见了吧？尚民是不是很棒？我喜欢他这样做事认真的男孩儿。“不，不是这样！没想到那阴阴的月光把你

---

12) 悲喜交集, 성어, bēi xǐ jiāo jí, 슬픔과 기쁨이 뒤엉키다, 슬픔과 기쁨이 번갈아 닥치다, = 悲喜交至.

13) 厉害 lìhài

(긍정적 의미) (실력 등이) 대단하다, 뛰어나다	(부정적 의미) (수단 태도 등이) 심하다, 지독하다

14) “连~都”는 ‘~조차’라고 해석하며 주로 부정문과 쓰여서 “~조차…하지 않다”라고 부정을 강하게 만들어 준다.

连 ~ 也/都
극단적인 사례, 강조

的身影洒落在我的窗户上。”

상민　내가 뭐?

尚民　说我什么?

수경　아니에요. 오빠, 지혜 알죠? 여기 처음에 나랑 같이 왔던 애.

秀景　没有啊。尚民, 你见过智惠吧? 忘了, 我第一次来这儿的时候, 不是她跟我一起来的嘛。

상민　응. 오래간만이야.

尚民　可不[15], 好久不见。

지혜　예… 안녕하세요? 그는 많은 여자들이 좋아한다. 수경이 뿐만 아니라 노처녀인 학생회관의 점원언니도 그만 보면 넋을 잃고 만다.

智惠　啊… 你好! 不仅是秀景, 有很多女孩子喜欢他, 连学生会馆小卖店里的老大姐也喜欢他。

#03

지혜　성주희… 윤태수… 오준하…?

“아침에 창문을 열었을 때 생량한 바람이 가슴을 고해 줍니다. 그 바람을 편지지에 실어 당신에게 보냅니다.” 생량한 바람? 어우~촌스러워. 좋아, 클래식하다고 해두지 뭐.

---

15)

可不 kĕbù	可不是 kĕbúshì	可不是嘛? kĕbúshìma	可不呗 kĕbúbeì
그렇고말고, 그래	절대로, 정말로	그렇다, 그렇고말고	그렇네

智惠　成珠喜… 尹泰秀… 吴俊河…? “早上掀开窗户，迎面扑来一股凉凉的风，便知秋天到来，我的心乘风飞到你的身边。” 凉凉的风? 好土啊! 好，就当古典文学了。

#04

태수　오준하!

泰秀　吴俊河!

준하　한 마디 대화를 나눈 적도 없던 태수가 느닷없이 나를 찾아왔다.

俊河　泰秀以前跟我没说过话，可有一天却来找我了。

태수　편지 좀 써줘!

泰秀　求你帮我写封信，好吗?[16)]

준하　내가 친구들의 편지를 대필해 준다는 소문을 듣고 온 것이다. 태수는 겨울방학 동안 키가 무려 36cm나 자랐던 친구이다. 누군데?

俊河　他听人说我帮朋友写情书，便来找我的。泰秀可是寒假期间就长了三十六公分[17)]。你要给谁写?

---

16) 평서문으로 자신의 의견·추측·요구 등을 제시하고 잠시 멈춘 다음에 ‘好吗’ ‘好不好’ 등을 써서 자신이 제시한 의견에 동의를 구하거나 상대방의 생각을 물을 수 있다. 의문문의 앞부분은 평서문이다. 이에 대한 동의를 나타내는 대답으로 ‘好’ ‘好吧’ ‘好的’ ‘好啊’(wā) 등이 쓰인다.

17)

公里 gōnglǐ	公尺 gōngchǐ	公分 gōngfēn	公厘 gōnglí
키로미터	미터	센티미터	미리미터

태수　응, 약혼녀야.
泰秀　是给我未婚妻。

준하　약혼녀?
俊河　未婚妻?

태수　아버지 친구의 딸이야. 어렸을 때 당신들 멋대로 맺어놓은 거지.
泰秀　是我爸爸朋友的女儿。是我们小时候，他们私下给我们订下的亲。[18]

준하　좋겠다, 넌. 따로 여자를 사귀려고 하지 않아도 되고.
俊河　这多好啊！你这用不着[19]再去追女孩子了。

태수　피곤해. 난 한 여자만 사귀자는 주의가 아니거든. 아버지께선 답장이 오면 검사까지 하시겠데. 비밀을 탐지하자는 수작이지. 어쩜 그렇게 정보부요원 하는 짓하고 똑같은지 몰라. 예쁘지? 그래도 국회의원의 딸이라면 안 봐도 고리타분하겠지?
泰秀　闹心死了。我可不是那种专情的人。她给我回的信，我爸爸还要一一审查呢[20]。他什么都要知道，就像联

18) 订亲 dìngqīn, 약혼하다, = 订婚.

19) 술어 동사 뒤에 쓰여 동작이 어떤 결과나 상황에 도달할 수 있는가를 나타내는 보어를 가능보어라고 한다. 得/不 뒤에 와서 결과 혹은 방향을 나타내는 것은 일반적으로 한 글자 내지 두 글자로 된 단어이다.

得/不＋결과보어/방향보어	得/不＋了	得/不得
看得见/吃不下	吃不了	吃不得

邦密探似的。[21] 漂亮吧？是国会议员家的千金[22)]，一定是很死板[23)]的。

(중략)

- 5막 -

#31

점원　지혜야, 이게 뭔 줄 아니?
服务员　智惠，你知道这是什么吗？

지혜　우산?
智惠　雨伞？

점원　아주 특별한 우산이야.
服务员　这可不是一把普通的雨伞。

지혜　다 똑같지, 뭐.
智惠　雨伞还不都[24)]一样？

---

20) 呢(ne)의 용법

의문어기	사실의 확인	진행형
你会中文还是会英文呢?	书店九点半才开门呢。	你他正在做作业呢。

21)

像 ~ 似的 / 似地	像 ~ 一样 / 一般	像 ~ 这么 / 那么
마치 ~와 같다	마치 ~와 같다	마치 ~처럼 (그렇게)

22)

千金 qiānjīn	万金 wànjīn
따님	갓난 사내아이, 아들

23) 死板 sǐbǎn, 생기가 없다, 융통성이 없다, 틀에 박히다.

점원　왜 특별하냐 하면 이거 상민이가 나한테 준거니까. 그 앤 내가 자기 좋아하는 걸 아나봐.

服务员　这把可不一般，因为是尚民给我的。他一定是知道我喜欢他。

지혜　그럼, 매일 넋을 잃고 헤~ 보는데, 모를라구?

智惠　你天天都呆呆地望着他，他还会看不出来?

점원　이거 니가 상민이 갖다 줘.

服务员　你去把它还给尚民吧。

지혜　언니가 직접 갖다 줘. 난 거기 안 가.

智惠　不，你自己还好了，我才不会去呢。

점원　수경이하고 싸웠니? 그저께 비가 갑자기 온 날 있지? 상민이가 여기서 커피를 마시고 있었거든. 그런데, 창밖을 이렇게 보고 있더니 날 보구, "누나, 우산 가져왔어?" 그러더라구. 그래서, 그렇잖아도 안 가져와서 걱정이다" 그랬더니 우산을 여기다 이렇게 세워 놓으면서 "이거 누나 가져." 그러는 거야. 자기는 비를 맞고 가겠다는 거야. 그러더니 빗속을 막 뛰어가더라구. 근데, 오늘 이렇게 비가 오는데, 상민이 우산이 없어서 비 맞을지도 모르잖아.

服务员　为什么不去? 你跟秀景吵架了? 你记得前天突然下起大雨吗? 当时尚民在这儿喝着咖啡。他这样看着窗

---

24)

都不～	>	不～	>	不都～
(전체부정)				(부분부정)

外，突然转身对我说，“你带没带雨伞来？”我说：“没有，我正愁这个呢”[25] 他就把他这把雨伞放到这儿，说：“给你用吧。”他说他自己淋湿也不要紧[26]。说完就冒着雨跑过去了。现在外面下着这么大雨，尚民没有伞，不得淋湿啊。

지혜　그거 정말 특별한 우산이네. 언니, 내가 갖다 줄게. 언니, 우산 가지고 왔어?

智惠　这可真是一把很特别的雨伞。我这就去还给[27]他。你有没有带雨伞来？

점원　가져왔지, 오늘은…

服务员　当然带了。

지혜　그래? 그래도 내 꺼 가져!

智惠　是吗？不过[28]，我的还是给你吧。

---

25) 동작의 진행(지속)을 나타낼 때 在 / 正在 / 正·着·呢가 반드시 모두 있어야 하는 것은 아니다.

26)

不要紧 bùyàojǐn / 不成问题 bùchéng wèntí	
没关系 méiguānxī 괜찮다	没有事情 méiyǒu shìqíng (볼) 일이 없다
没事儿 méishìr	

27) 동사+결과보어(给)

借给 jiègěi	还给 huángěi	送给 sònggěi	交给 jiāogěi
빌려주다	돌려주다	보내주다	넘겨주다

28) 접속사(전환)

但是 dànshì　>	可是 kěshì　>	不过 bùguò
(구어) (서면어)	(구어)	(구어)
[앞 구의 상황과 상반]	[앞 구에 대한 제한과 수정]	

점원　재들이 미쳤나?
服务员　他们都疯了？

#32

상민　우산 있는데 왜 비를 그렇게 흠뻑 맞았어?
尚民　你有雨伞，怎么还会淋成这个样子？

지혜　이건 제 우산이 아니니까요. 돌려드리려고 왔어요. 매점에 다 두고 가셨잖아요. 우산이 있는데 비를 맞는 사람이 어디 저 하나뿐이에요?
智惠　因为这不是我的雨伞，是我拿来还给你的。你把它留在小卖店了，有伞还挨浇[29]的不只是我一个人吧？

상민　가지마! 이제 다 알아버렸잖아! 내 마음. 그래, 지혜가 비를 맞고 뛰어가는 모습을 보고 나도 우산을 버렸던 거야. 연극을 보던 날도 난 지혜한테 선물을 주고 싶어서 수경이 것까지 샀어. 그리고 운명이 내 편이라면 지혜가 그 엽서가 들어있는 선물을 고를 거라 생각을 했어. 난 지금까지 너하고 멀어질 것만 같아서 좋아한다는 말을 하고 싶었지만 할 수가 없었어.
尚民　不要走！我的心，现在你都知道了。是的，我看见你没带伞在雨中跑着，我就把雨伞扔到那儿了。看话剧的那天，我是想送给你礼物，给秀景也买了一份。而且我相信命中注定[30]你定会选中里面有卡片那一份。我

29) 挨浇 áijiāo, 비를 맞다.
30) 命中注定, mìngzhōng zhùdìng, 운명으로 정해져 있다, 숙명적이다.

怕你会疏远我，所以一直没敢向你表白，我喜欢你。

지혜　연극 보러 올께요.
智惠　我会过来看话剧的。[31)]

#33

지혜　연극을 끝낸 상민 오빠와 난 당일 데이트 코스로, 엄마의 옛날 추억이 흐르고 있는 그 강가를 선택했다.
智惠　那次演出之后，我跟尚民约会，我们决定[32)]去看看妈妈回忆中的那条河。

노인　주희냐?
伯伯　珠喜？

지혜　아니요, 전 딸이에요. 이름은 지혜고요.
智惠　不，我是她女儿。我叫智惠。

노인　어우~그래? 내가 착각을 했구만. 너무 많이 닮았어, 엄마하고.
내가 니 엄마 편지 많이 배달해 줬지~.
伯伯　是吗？我搞错[33)]了。可是你长得太像你妈妈了。我给

31) 会 huì ~的 de, ~할 것이다, ~임에 틀림없다, 주관적인 예측으로서 실현되기를 바라는 일이나 바라지 않는 일에 쓰인다.

32)

打算 dǎsuan	决定 juédìng
주로 미래의 표현에 쓰인다 ~하기로 하다	보다 공식적이고 중대한 사안 ~하기로 결정하였다

你妈妈送过很多信哩。

지혜　고마워요, 할아버지.
智惠　谢谢您，大爷。

노인　엄마와 아빠의 그 다음 이야기는 나도 익히 들어서 알고 있다.
伯伯　我也了解我爸爸和我妈妈后来所发生的事。

#34

태수　주희씨?
泰秀　珠喜？

주희　태수씨?
珠喜　泰秀？

태수　오래간만입니다.
泰秀　好久没见。

주희　네. 혹시 준하씨 소식 아세요?
珠喜　对呀。你有没有俊河的消息？

---

33)

搞错 gǎocuò	看错 kàncuò	听错 tīngcuò	写错 xiěcuò
잘못하다	잘못 보다	잘못 듣다	잘못 쓰다

#35

주희　준하야! 이거 받아.
珠喜　俊河！这个给你。

준하　응. 나 가봐야 돼. 잘 지내.
俊河　嗯，我要走了。再见！

주희　준하야, 꼭 살아 돌아와야 해! 꼭 살아 돌아와야 해!
珠喜　俊河，你要活着回来啊！你一定要活着回来！

#36

상관　오하사!
上官　吴下士！

준하　위생병! 위생병! 눈 떠봐! 눈 떠봐! 숨셔봐! 숨셔봐!
俊河　军医！军医！睁开眼啊！睁开眼啊！呼吸呀！呼吸呀！

상관　그만해! 죽었잖아! 빨리 도망가!
上官　放下吧！他已经死了！撤退！快跑啊！他已经死了！

상관　오하사! 어디가? 이 새끼야! 어디 가는 거야! 오하사!
上官　吴下士！你去哪儿？你这个混小子！要去哪儿？回来！吴下士！

#37

준하　하나도 안 변했어. 지금도 옛날처럼 예뻐!
俊河　你一点也没有变，跟过去一样，还那么漂亮。

주희　나… 많이 늙었어… 고생 많았지?
珠喜　我老了很多。你吃了不少苦吧？

준하　고생은 뭐. 태수는 잘 있어?
俊河　没什么。[34] 泰秀还好吗？

주희　잘 있겠지 뭐.
珠喜　我想他应该不错[35]吧。

준하　왜 결혼 안 했어? 난 벌써 했는데.
俊河　你为什么还没结婚？我可早就结婚了。

주희　어. 들었어.
珠喜　我听说[36]了。

---

34)

<table>
<tr><td>没什么 méishénme</td><td colspan="2">没事儿 méishìr</td></tr>
<tr><td>별 것 아니다, 괜찮다</td><td>没关系
괜찮다</td><td>没有事情
(볼) 일이 없다</td></tr>
<tr><td></td><td colspan="2">不要紧/不成问题</td></tr>
</table>

35) 不错 bùcuò

<table>
<tr><td>형용사 '错'의 부정형
('맞다' '옳다' '정확하다'는 의미)
'很'의 수식을 받을 수 없다</td><td>형용사로 '좋다' '나쁘지 않다' 등의
의미, 주로 구어에 쓰인다
'很'의 수식을 받을 수 있다</td></tr>
</table>

준하　할 말이 굉장히 많았는데. 막상 만나니까 생각이 안 나네. 피아노치는 소녀네. 저거. 우리 집에도 있어. 저걸 보면 옛날에 주희가 피아노 칠 때 생각이 나. 그때 주희 모습하고 너무 닮았어. 그치? 그때 아무리 생각해 봐도 너무 순수했어. 다시 오지 않을 시절이지만. 사실 감정이 너무 앞섰던 것 같아. 별것도 아닌 일에 울고, 웃고.

俊河　我本来有很多话想跟你说。可见到你却什么也想不起来。是钢琴娃娃，那个我家也有一个。我看着它就想起来你弹琴的情景，太像你从前弹钢琴的样子，不是吗？那时我们真是太单纯了，不过现在一切都过去了。那时有点太动感情了，我们就为鸡毛蒜皮[37)]的事又哭又笑的。

주희　나 지금 어때 보여?

珠喜　你看[38)]我现在怎么样？

준하　건강해 보여. 근데 좀 더 밝은 모습 보고 싶어.

俊河　你看起来[39)]很健康，不过我更想见到你快乐的样子。

---

36)

听说 tīngshuō	据说 jùshuō	据悉 jùxī
듣자하니, 듣건대, 알려진 바에 의하면		

37) 鸡毛蒜皮, 성어, jī máo suàn pī, 닭털과 마늘껍질, 보잘 것 없는 사소한 일, 하찮은 일.

38) 看 kàn

你看~	我看~
상대방의 의견을 구할 때	자신의 의견을 표현할 때

39) 看起来 kàn qi lai, 주로 어떤 문제나 상황에 대한 견해를 이끌어 낼 때 쓰인다. 보아하니, 보기에, "~한 것 같지만 그렇지 않다" 라는 어감이 강하다.

주희　나 지금 울고 있어. 눈물 안보여? 왜 숨겼어? 앞을 못 본다는 거?

珠喜　我在哭，你见不到我的眼泪吗？你失明了，为什么向我隐瞒[40)]？

준하　시간이 이렇게 됐네. 미안해. 나 약속이 있어. 먼저 갈께.

俊河　都[41)]这时候了。对不起，我约了人，我该走了。[42)]

준하　미안해. 거의 완벽했는데. 해낼 수 있었는데. 어제 밤에 여기 와서 연습 많이 했었거든.

俊河　对不起。几乎[43)]是天衣无缝[44)]来着，我本来可以成功的，我昨晚过来练了好长时间。

주희　거의 속을 뻔했어. 정말. 잘했어. 정말 속을 뻔했어.

珠喜　我差点儿[45)]上当了。你演得很逼真，几乎让人看不出来了。

준하　그리고 이 목걸이 돌려주려고. 목숨을 걸고 가져왔거든.

---

40) 隐瞒 yǐnmán, 속이다, 숨기다.

41) 都 dōu+시점, '已经'의 의미(이미)로 뒤에 '了'가 온다, 말하는 사람이 느끼기에 시간이 늦었거나 시량이 많은 경우.

42) 该 gāi, (마땅히) ~해야 한다. 어기조사 '了'(le)는 문장 끝에 쓰여 상태의 변화와 그 확인을 나타낸다.

43) 추측을 나타내는 부사

几乎 jīhū	起码 qǐmǎ
거의	최소한

44) 天衣无缝, 성어, tiān yì wú fēng, 흠 잡을 데 없이 완벽하다. 주도 세밀하다.

45) 差点儿 chàdiǎnr, 어떤 일이 실현되었거나 실현되지 않았음을 나타낸다. 하마터면, 자칫하면, 거의.

俊河　还有，我要把这个项链还给你，是冒着生命危险弄回来的。

주희　아니야. 이건 준하꺼야.
珠喜　不，这是你的。

지혜　그 후 엄만 아빠와 결혼을 했고 3년 만에 나를 낳았다. 그리고 몇 년 후……
智惠　过后[46]，我爸爸和妈妈结了婚，三年后我出生了。再过几年……

#38

남자　성주희씨? 준하가 죽기 전에 이 강물에 유골을 뿌려달라고 유언을 남겼습니다. 사실 준하, 주희씨가 결혼을 하고 나서 말을 했을 겁니다. 아마. 짜식 아들까지 낳았는데. 그리고 준하놈 주희씨한테 이걸 전해주라고.
男子　成珠喜太太？俊河希望你把他的骨灰撒入河中。其实，俊河是你嫁了人之后才结的婚。那可怜的家伙还生了一个儿子。还有俊河，他让我把这个转交给你。

小지혜　엄마, 무지개.
小智惠　妈咪，是彩虹。

46) 过后 guòhòu

이후(에), 이 다음(에)	그 후(에), 그 뒤(에)
= 往后	= 后来

#39

지혜 그날 내가 봤던 무지개는 아직까지 내 머리에 생생하게 남아 있다. 상민오빠는 내가 이야기를 끝낼 때까지 아무 말 없이 듣고만 있었다. 그리고 난 그의 눈물을 볼 수 있었다.

智惠 我仍然清晰[47]地记得那天见到的彩虹。尚民一句话也没说，只是默默地听着我讲的故事，我看到他的眼睛湿润了。

※참고 : 영화 '클래식'의 줄거리

같은 대학에 다니는 지혜와 수경은 연극반 선배 상민을 좋아한다. 하지만 호들갑스런 수경이 상민에게 보낼 편지의 대필을 부탁하고, 지혜는 수경의 이름으로 상민을 향한 자신의 감정을 고백한다. 지혜의 편지로 맺어진 수경과 상민이 가까워지면서 지혜는 괜한 죄의식에 상민을 멀리 하려 하지만, 우연하게도 자꾸만 마주치게 된다.

오래 전, 사랑은 이미 시작되었다. 한편, 아빠를 일찍 여읜 지혜는 지금은 해외여행 중인 엄마 주희와 단 둘이 산다. 엄마의 빈자리를 털기 위해 다락방을 청소하던 지혜는 우연히 엄마의 비밀 상자를 발견하게 된다. 주희의 첫사랑의 기억이 고스란히 담겨있는 비밀 상자를 보면서 지혜는 엄마의 클래식한 사랑을 조금씩 알게 된다. 귀를 기울이면, 그들의 안타까운 사랑이 들려온다!

---

47)

清楚 qīngchu	清晰 qīngxī
명확하다, 뚜렷하다 이해하다, 알다	또렷하다, 분명하다

1968년 여름에 방학을 맞아 시골 삼촌댁에 간 준하는 그곳에서 성주희를 만나, 한눈에 그녀에게 매료된다. 그런 주희가 자신에게만 은밀하게 '귀신 나오는 집'에 동행해줄 것을 부탁해온다. 흔쾌히 수락한 준하는 흥분된 마음을 가까스로 누르며 주희와의 약속 장소에 나간다. 그런데 갑작스런 소나기를 만나 배가 떠내려가면서 귀가 시간이 늦어지고, 이 일로 주희는 집안 어른에게 심한 꾸중을 듣고 수원으로 보내진다. 작별 인사도 못하고 헤어진 주희를 향한 준하의 마음은 안타깝기만 하다.

그렇게 방학이 끝나고 학교로 돌아온 준하는 친구 태수에게 연애편지의 대필을 부탁받는데, 상대가 주희란 사실에 깜짝 놀란다. 하지만 태수에게 그 사실을 말하지 못하고, 태수의 이름으로 자신의 마음을 담아 주희에게 편지를 쓴다.

운명이 던져준 또 한 번의 인연. 편지를 대신 써주며 사랑이 깊어간 엄마와 자신의 묘하게도 닮은 첫사랑. 이 우연의 일치에 내심 의아해하는 지혜는 상민에 대한 생각이 더욱 깊어만 간다. 하지만 이미 친구의 연인이 되어버린 그를 포기하기로 마음먹는데 ……

通翻譯 제9과

과학기술

科技翻译
자연과학 논저, 사회과학 논저, 과학기술 문장, 학술정보 등
과학기술번역의 어려운 점은 학술용어와 전문용어의 번역이다. 번역자는 어느 정도 科技 지식을 가지고 번역하면서 배워나가야 하며 전문가에게 여러모로 도움을 청해야 한다.

1. 전문용어사전준비 이해 및 암기

한국어	영어	중국어
사포닌	saponin	皂苷，皂素
진세노사이드	ginsenoside	人参皂苷
담마란	dammarane	达玛烷
트리테르페노이드	triterpenoid	三萜
오레아난	oleanane	齐墩果烷
프로토파낙사다이올	protopanaxadiol	人参二醇
프로토파낙사트리올	protopanaxatriol	人参三醇
오레아노릭엑시드	oleanolic acid	齐墩果酸
글루쿠로닉 엑시드	glucuronic acid	葡萄糖醛酸
토야마 대학	Toyama	富山大学

요코자와 교수	Yokozawa	横泽启子教授
트롬번	thrombin	凝血酶
긴끼대학	Kinki	堂本刚大学
구보교수		久保
프로사포진닌	prosapogenin	zao
하세가와	Hasekawa	长谷川
스트렙토조토신	streptozotocin	链脲佐菌素
갈락토사민	galactosamine	半乳糖胺
실리마린	silymarin	水飞蓟素
진성사포닌	ginseng saponin	西洋参皂苷
휴먼비만세포	Human Mast Cell Line(HMC)	天仁禾(免疫基因)
히스타민	histmine	组胺
기능		效能
기능성을 높인		高效能
용량의존적		根据使用量
비		脾
중초		中焦
대보원기요약		大补元气的良药
폴리아세틸렌	polyacetylene	多炔
항산화		抗酸化
페놀계화합물		酚类化合物
산성다당체		酸性多糖体
향기성분		香料成分
	sequiterpene	倍伴贴
정유성분		精油成分
중추신경		中枢神经
두뇌기능		大脑功能
억제활성		控制扩散作用
인삼제제		人参制剂
에탄올	ethanol	乙醇
글루코스	glucose	葡萄糖
시그마	sigma	西格玛

시약		施药
웅성래트		雄性大鼠
마우스		白鼠
고형사료		固体型饲料
복강투여		腹腔投入
대조군		试验对象
	GME	人参精
생리식염수		生理食盐水
안와정맥		眼窝静脉
원심분리		离心分离
혈장		血浆
유도(유발)		诱导
현탁		拌匀
검체		检体
경구투여		口腔投入
	injection	注射
	diethyl ether	二乙醚
	procedure	程序
시린지		注射器
복대정맥		腹部大静脉
무정형		不定型
검량선		检量标准
유의성		明显
인삼엑기스		人参精
	ALT	谷草转氨酶(在细胞内)
	AST	谷丙转氨酶(在细胞浆和细胞线之间)
	solvent	溶剂
이동상		移动型
	well plate	器皿
…	…	…

2. 논문발표

① 한국어

발효인삼제품개발 발표문[1)]

1. 안녕하십니까. 저는 ○○대학교 한방식품영양학부 교수 ○○○ 입니다. 지금부터 발효인삼제품개발에 대해서 말씀드리겠습니다.

2. 본 연구의 이해를 돕기 위해서, 우선 인삼사포닌성분에 대해서 말씀드리겠습니다.

3. 고려인삼의 약효성분 중 대표적인 생리활성성분은 인삼 사포닌입니다. 사포닌(saponin)이라고 하는 물질은 식물의 제2차 대사산물의 일종으로서 「거품」 「비누」의 뜻을 가지고 있습니다. 일반적인 특징으로는 ① 거품이 있음. ② 거담(袪痰)작용이 있음. ③ 용혈(溶血)작용이 있음. ④ 어독(魚毒)작용이 있음. 등이 있습니다.

   인삼사포닌은 진세노사이드(ginsenoside)라고 하는데, 이는 천연물화학적 용어로 인삼사포닌 배당체라고 하는 뜻을 내포하고 있습니다.

   인삼사포닌은 담마란(dammarane)계 트리테르페노이드(triter-penoid) 사포닌이 대부분이고, 오레아난(oleanane)계 사포닌은

1) 이 글은 고성권 교수의 논문 「발효인삼제품개발(Development of Ginseng Preparation Using Fermentation)」(제1회 발효한약국제심포지엄, 2007.10.10)의 발표문임.

1종이 보고되었습니다.
담마란(dammarane)계 트리테르페노이드(triterpenoid) 사포닌은 프로토파낙사다이올(protopanaxadiol)계 사포닌과 프로토파낙사트리올(protopanaxatriol)계 사포닌이 있습니다.
프로토파낙사다이올(protopanaxadiol)계 사포닌은 진세노사이드 Ra1, Ra2, Ra3, Rb1, Rb2, Rb3, Rc, Rd가 있고, 홍삼을 제조할 때 생성되는 인공물인 홍삼특유성분인 진세노사이드 Rg3, Rh2도 이 계열에 해당합니다.
프로토파낙사트리올(protopanaxatriol)계 사포닌은 진세노사이드 Re, Rf, Rg1이 있고, 홍삼특유성분인 Rg2, Rh1, Rh4도 이 계열에 해당합니다.
오레아난(oleanane)계 사포닌은 진세노사이드 Ro 하나만 존재합니다.

4. 전술하였듯이, 인삼사포닌은 배당체(glycoside)로 존재합니다. 배당체라고 하는 천연물화학적인 용어는 식물유기화학 구조에 당(sugar)이 결합되어 있는 유기화합물을 말합니다.
프로토파낙사다이올(protopanaxadiol)계 사포닌은 담마란(dammarane)계 트리테르페노이드(triterpenoid) 사포닌 유기화학구조 모핵에 OH기가 3번과 12번에 2개 결합되어 있는 구조로서 3번과 20번에 연결되어 있는 당(sugar)의 종류 및 숫자가 달라지므로 인삼사포닌 배당체의 이름이 달라집니다.
예를 들어서 진세노사이드 Ra부터 Rd까지는 3번의 포도당(glucose) 두 분자가 결합되어 있고, 20번의 당이 달라지면서 배당체의 명칭을 달리합니다.
특히, 홍삼은 수삼을 수증기로 쪄서 말린 것으로, 찔 때 열이 가해져서 인삼사포닌 배당체인 진세노사이드 Ra부터 Rd까지에서

20번의 당이 유리되어 홍삼특유성분인 진세노사이드 Rg3로 변하는 것입니다. 따라서 진세노사이드 Rg3는 열에 의해서 생성되어지는 인공물(artifact)이라고 말씀드릴 수 있습니다.

5. 프로토파낙사트리올(protopanaxatriol)계 사포닌은 담마란(dammarane)계 트리테르페노이드(triterpenoid) 사포닌 유기화학구조 모핵에 OH기가 3번, 6번 그리고 12번에 3개 결합되어 있는 구조로서 3번과 20번에 연결되어 있는 당(sugar)의 종류 및 숫자가 달라지므로서 인삼사포닌 배당체의 이름이 달라집니다.
트리올계에 있어서도 홍삼특유성분으로 진세노사이드 Rg2, Rh1이 다이올계와 같은 기전으로 생성됩니다.
오레아난(oleanane)계 사포닌은 오레아노릭엑시드(oleanolic acid)에 포도당(glucose)과 글루쿠로닉엑시드(glucuronic acid)가 결합되어 있는 진세노사이드 Ro가 하나 존재합니다.

6. 인삼사포닌의 약리작용에 대해서 말씀드리면, 프로토파낙사다이올(protopanaxadiol)계 사포닌은 진세노사이드 Rb1, Rb2, Rc가 중추신경 억제작용을 나타냅니다. 따라서, 잠을 잘 자게 하는 최면작용, 전신신경 안정작용 등을 보입니다. 이와 같은 약리작용은 동양 최고(最古)의 본초서(本草書)인 신농본초경(神農本草經)의 인삼의 효능인 안정신(安精神)의 약효해명에 크게 기여하는 약리작용이라고 사료됩니다.
또한, 진세노사이드 Rb2는 항당뇨작용이 ○○대학의 ○○○ 교수에 의해서 보고되었습니다.
다이올계 사포닌은 전반적으로 부신피질 자극호르몬 분비 촉진작용이 보고되었습니다.
이 역시 본초서의 인삼 효능인 지갈생진(止渴生津)의 약효해명에 기여하는 약리작용으로 사료됩니다.

7. 프로토파낙사트리올(protopanaxatriol)계 사포닌의 약리작용으로는 진세노사이드 Re가 다이올계와 같이 중추신경 억제작용을 나타내었으나, 진세노사이드 Rg1은 중추신경 흥분작용을 나타냅니다. 더불어 항피로작용, 기억력 및 학습기능 개선작용을 나타냄으로써 인삼의 보원기(補元氣)와 익지(益智)라고 하는 인삼의 본초학적인 효능의 약효해명에 기여하는 약리작용이라고 사료됩니다.

8. 오레아난(oleanane)계 사포닌인 진세노사이드 Ro는 항염증작용, 항트롬빈작용, 항간염작용 등이 ○○대학의 ○○ 교수에 의해서 확인되었습니다.
또한, 홍삼특유성분인 진세노사이드 Rg3, Rh2 등은 암세포증식 억제작용, 암세포전이 억제작용 등이 보고되었습니다.

9. 전술한 바와 같이 홍삼을 제조할 때 열에 의해서 그림에서 보는 바와 같이 인삼사포닌 배당체가 당의 일부가 가수분해 되어 생성되는 홍삼특유의 prosapogenin으로 이행됩니다.

10. 지금까지의 인삼 연구방향은 그림에서 보는 바와 같이 인삼사포닌 배당체를 중심으로 이루어져 왔습니다. 그러나, 최근에는 물리적 또는 발효와 같은 생화학적인 방법에 의해서 얻어지는 인삼 prosapogenin에 대한 연구가 활발히 진행되고 있습니다.

11. 인삼을 복용하면, 장내 미생물에 의해서 대사를 받아서 prosapogenin 타입의 대사물이 혈관으로 흡수되어 약효를 나타낸다고 하세가와 박사에 의해서 확인되었습니다.
예를 들면, 진세노사이드 Rb1이 Rd를 거쳐서 compound K 즉

IH-901로 대사되어 흡수되는 것입니다. 진세노사이드 Rb1이 인삼의 주성분으로 혈중에서도 그 대사물인 compound K가 가장 많이 함유되어 있는 것으로 확인되었습니다.
최근, 유산균 발효를 이용하여 compound K를 대량으로 생산하는 기술이 ○○대 약대 ○○○ 교수에 의해서 개발되어 실용화되고 있습니다.

12. 본 연구진은 주식회사 ○○로부터 compound K를 분양받아 인삼과의 약효 동등성시험의 일환으로 우선, 스트렙토조토신(streptozotocin) 유발 당뇨흰쥐에 미치는 영향을 검토하였습니다.

13. 혈당에 미치는 영향을 검토해 본 결과, 10일간 검체투여기간에는 인삼엑스와 IH901은 각 용량에서 유의성 있는 억제효과를 나타내지 못하였으나, 13일째에서 IH901 30mg/kg의 용량에서 유의성 있는 혈당저하효과를 나타내었고, 16일째에는 IH901 10mg/kg과 30mg/kg, 인삼엑스 100mg/kg의 용량에서 유의성 있는 혈당저하효과를 나타내었습니다.

14. 체중에 미치는 영향으로는 13일째에는 인삼엑스 100mg/kg, 16일째에는 인삼엑스 100mg/kg, IH901 10mg/kg용량에서 체중저하를 유의성 있게 억제하는 효과를 관찰할 수 있었습니다.

15. 음식 및 물 섭취량에 있어서는 2주 후에는 인삼엑스와 IH901은 각 용량에서 유의성 있는 억제효과를 나타내었습니다. 이와 같은 결과로부터 기존의 인삼의 항당뇨 활성물질은 Ginsenoside Rb2라고 알려져 있습니다만, Ginsenoside Rb1의 장내미생물

대사체인 IH901이 항당뇨활성을 나타내므로 좀더 체계적인 인삼사포닌 구조와 항당뇨활성에 대한 상관연구가 필요하다고 생각합니다.

16. 다음으로 화학물 유도에 의한 간장애에 미치는 영향을 검토해 보았습니다.

17. 백삼의 사염화탄소(CCl4)유발 간장애에 미치는 영향을 검토해 본 결과, 백삼 200, 500mg/kg의 용량 투여군은 간염 대조군과 비교하였을 때, AST치를 유의성 있게 감소시켰습니다.
또한, 백삼의 ALT치는 50, 200, 500mg/kg은 CCl4 유발 급성 간염 마우스의 ALT치를 유의성 있게 감소시켰습니다.

18. IH-901의 사염화탄소(CCl4)유발 간장애에 미치는 영향을 검토해 본 결과, AST치와 ALT치에 있어서 대조군과 비교하여 유의성 있는 용량의존적 감소효과를 나타내었습니다.

19. 백삼의 갈락토사민(galactosamine)유발 간장애에 미치는 영향을 검토해 본 결과, 백삼 100mg/kg은 대조군과 비교할 때, AST치를 유의성 있게 감소시켰습니다. 또한, 백삼의 ALT치는 10, 100mg/ kg의 용량에서 유의성 있게 감소시켰습니다.
IH-901군은 AST치와 ALT치에 있어서 유의성 있는 용량의존적 감소를 나타내었습니다.
한편, 양성대조약물(standard)인 silymarin의 25mg/kg의 용량에서 AST치와 ALT치를 유의성 있게 감소시켰으나, 특히, IH-901군은 양성대조약물(standard)인 silymarin보다 AST치의 비교에서 더 좋은 보호효과를 나타내었습니다.

oleanane type의 ginseng saponin인 ginsenoside Ro가 간보호작용(hepatoprotective effect)이 있음은 이미 알려졌으나, IH-901이 간보호작용(hepatoprotective effect)이 확인됨으로써, dammarane type의 protopanaxadiol group도 간보호작용(hepatoprotective effect)이 있음을 확인할 수 있었습니다.

20. 다음으로 인삼청국장의 알러지에 미치는 영향에 대해서 말씀드리겠습니다. 알러지에 대한 실험으로는 인삼청국장이 휴먼비만세포로부터 히스타민(histamine) 유리에 미치는 영향을 검토하였습니다.
인삼청국장은 삶은 콩 200g에 백삼분말 30g을 혼합하여 42℃에서 1일 발효하여 실험에 사용하였습니다.

21. 우선, 청국장의 compound 48/80 유발 히스타민 분비에 미치는 영향을 검토하였습니다. 그 결과, 히스타민 분비를 억제하는 효과를 확인할 수 없었습니다.

22. 다음으로, 청국장에 백삼 시료를 단순 첨가한 실험군의 경우, 부분적으로 histamine의 분비를 감소시키는 경향을 나타내었으나 통계적으로 유의하지는 않았습니다.

23. 백삼을 첨가하여 함께 청국장 발효시킨 시료를 처치한 실험군의 경우, 전체적으로 histamine의 분비량을 감소시키는 경향을 나타내었고, 특히 100 및 10ng/ml의 농도에서 compound 48/80만을 투여한 실험군에 비해 30-40% histamine 분비량을 감소시킴으로써 통계적으로도 유의한 histamine 감소 효과를 확인할 수 있었습니다.

이와 같은 결과로부터 백삼을 첨가하여 함께 청국장 발효시킨 제품은 실험적으로 histamine 분비량을 감소시킴으로써 항알러지효과를 갖는다고 사료됩니다.

24. 한편, 표에서 보는 바와 같이, 백삼 분말에는 인삼사포닌 배당체인 ginsenoside Rb1, Rb2, Rc, Rd, Re, Rf, Rg1이 골고루 존재하나, 인삼청국장제제에는 인삼사포닌 비당체인 protopanaxadiol(PPD)과 protopanaxatriol(PPT)만이 고농도로 존재하는 것을 확인할 수 있었습니다.

이와 같은 결과는 청국장 발효 미생물에 의해서 인삼사포닌 배당체가 인삼사포닌 비당체인 인삼사포게닌으로 가수분해가 일어난 것으로 사료되며, 향후, 인삼사포닌 비당체가 나타내는 생리활성연구와 발효 미생물에 대한 체계적인 연구가 필요하다고 사료됩니다.

이상입니다. 경청해주셔서 감사합니다.

② 중국어

有关发酵人参产品开发学术发表

1. 大家好！ 我叫○○○，在○○大学韩方营养学院任教。现在开始我要就发酵人参产品开发跟大家谈一谈。

2. 为了便于理解该研究课题，首先我要给大家讲解一下人参皂苷的成分。

3. 高丽人参的药效成分中最具有代表性的生理活性成分是人参皂苷。 皂苷作为植物的二代(次级)代谢物，含有泡沫，肥皂的语意。主要特点是：① 起泡沫 ② 具有祛痰作用 ③ 溶血作用 ④ 鱼毒作用等。人参皂苷叫做给ginsenoside，是自然化学术语，含有人参皂苷配糖体的意思。
   人参皂苷大多是属于达玛烷系列的三萜人参皂苷，而属于齐墩果烷系列仅有一种。
   达玛烷系列的三萜皂苷又分为三醇皂苷。
   人参二醇型皂苷又分为ginsenoside的Ra1，Ra2，Ra3，Rb1，Rb2，Rb3，Rc，Rd，制造红参时所形成的人工制品，也就是红参的特有成分Rg3，Rh2也属于这一系列。
   人参三醇型皂苷又分为ginsenoside的Re，Rf，Rg1，红参特有成分的Rg2，Rh4属于这一系列。
   齐墩果烷系列的皂白只有ginsenoside的Ro一种。

4. 如上所述，人参皂苷是以配糖体的形式存在。叫做配糖体的天然化学术语正说明植物的有机化学结构上带有糖。

人参二醇型皂苷的结构是在达玛烷系列的三萜皂苷有机化学结构的母核上, 3号和12号带有两个OH基, 而配糖体的名称是根据3号和20号上所连着的糖的种类和数量发生变化而变化。

比如, 从ginsenoside的Ra到Rd, 都是在3号上带有两个葡萄糖分子, 而随着20号上的糖发生变化其配糖体的称呼也发生变化。

尤其红参是用水蒸气把水参蒸煮后, 烘干而制成的。在加热蒸发过程中, 人参皂苷配糖体的ginsenoside从Ra到Rd, 20号上的糖被脱离掉, 而形成红参的特有成分ginsenoside Rg3, 因而可以说ginsenoside Rg3是经热处理而形成的人工合成物。

5. 人参三醇型皂苷的结构是达玛烷系列的三萜皂苷有机化学结构的母核上, 共有3个OH基, 分别连在3号, 6号和12号上。

人参皂苷配糖体的名称是根据3号和20号上的糖的种类和数量而发生变化。

在三醇型当中作为红参特有成分的 ginsenoside Rg2, Rh1与二醇型栓发生了同样形态的变化。

齐墩果烷系列的皂苷是在齐墩果酸上合成葡萄糖和配糖体醛酸而形成了 ginsenoside Ro。

6. 下面就人参皂苷药理作用谈一谈。人参二醇型系列的皂苷ginsenoside Rb1, Rb2, Rc具有中枢神经抑制作用。因而也具有催眠作用, 全身神经安定作用等。这样的药效为东洋最早的本草书－《神农本草经》上记载的安定精神之功能成为一个很好的依据。
另外，ginsenoside Rb2的抗糖尿作用是曾由○○大学的○○○教授研究发表过。
二醇型皂苷一般都具有促进附肾皮质刺激荷尔蒙分泌的作用。
这一药理作用也为本草书上记有的止渴生津的效能成为很好的见证。

7. 人参三醇系列皂苷的药理作用而言，ginsenoside Re同二醇型一样具有中枢神经抑制作用。ginsenoside Rg具有使中枢神经兴奋的作用。此外，还有抗疲劳，增强记忆力及改善学习效能的作用，这也有助于考证本草书上记载的补元气，改善智能的药理作用。

8. 达玛烷系列的皂苷ginsenoside Ro是曾由○○大学的○○教授研究发表过其抗炎症，抗凝血酶，抗肝炎等作用。
另外，还有红参特有成分的ginsenoside Rg3，Rh2等的抑制癌细胞繁殖，抑制癌细胞扩散等作用的研究报告。

9. 如上所述，制造红参时人参皂苷配糖体中的部分糖，像结构图上所示那样，经受热产生水解反应而脱离掉，也就是变成红参特有的人参皂苷元。

10. 如画面所示那样，到目前为止人参的研究是以人参皂苷的配糖体为中心而进行的。但近来却对通过物理方法或发酵等生化方法来获得的人参皂苷元进行着广泛的研究。

11. 人参被服用之后，靠肠内的微生物代谢而成的人参皂苷元型代谢物，渗入到血管内而产生药效，这一现象被○○○博士得到见证。

比如，ginsenoside Rb1经Rd之后，先代谢而成 compound K也就是 IH-901，然后再而被吸收。ginsenoside Rb1是人参的主要成分，经考证发现在血液中其代谢物成分，即化合物K的含量最多。

最近，利用乳酸菌发酵大量生产化合物K的技术，靠○○大学药学院的○○○教授得到开发而应用。

12. 该研究是从○○股份公司买下化合物K而进行的人参药效对等性的实验，首先对连脲佐菌素引发患糖尿白鼠所产生的影响作了验证。

13. 对血糖的影响检测结果表明，试剂投入到第十天，人参精和IH901在相异的用量上都没有产生任何明显的抑制效果，但到了第十三天IH901 30mg/kg用量的实验上产生了明显的降血糖作用，到了第十六天IH901 10mg/kg和901 30mg/kg，100mg/kg的用量上都产生了明显的降血糖效果。

14. 对体重产生的影响，通过检测结果表明：到第十三天在人参精100mg/kg用量上，到了第十六天在人参精100mg/kg上和IH901 10mg/kg用量上，都产生了较显著降体重的效果。

15. 检测食物和水的摄取量，其结果表明：两周之后，在人参精和IH901相异的用量上都显示了明显的抑制效果。通过这一系列的验证结果中可以看出，不仅是我们所知道的

ginsenosideRb2具有抗糖尿作用，还有ginsenoside Rb1吸收到肠内，靠微生物的代谢形成IH901也具有抗糖尿作用。

因此，我认为有必要对人参皂苷的结构和抗糖尿的活性方面进行更深入的研究。

16. 接下来针对化合物诱导肝功能下降带来的影响，想跟大家谈谈。

17. 检测白参对四氯化碳引发肝功能下降所产生的影响，其结果表明：投入白参200，500mg/kg用量的实验对象与肝炎实验对象做比较时，谷丙转氨酶（AST值）明显地下降。
另外，白参在50，200，500mg/kg用量的实验上，明显地降低了四氯化碳引诱的急性肝炎白鼠的谷草转氨酶（ALT值）。

18. 研究IH－901对四氯化碳引发的肝功能下降方面所产生的影响，其结果表明：谷丙转氨酶（AST值）和谷草转氨酶（ALT值）都随着使用量的不同产生不同的降低效果。

19. 检测白参对半乳糖胺诱导的肝功能降低所产生的影响，其结果表明：白参100mg/kg用量上谷丙转氨酶（AST值）明显下降，两外白参在10，100mg/kg用量上谷草转氨酶（ALT值）也明显下降。
在投入IH－901实验上，谷丙转氨酶（AST值）和谷草转氨酶（ALT值）随着不同的用量产生不同降低效果。
另外，在阳性实验药物水飞蓟素25mg/kg用量上谷丙转氨酶（AST值）和谷草转氨酶（ALT值）也得到了明显的降低效果。特别是谷丙转氨酶（AST值）上，IH－901比水飞蓟素更有明显的降低效果。

我们知道齐墩果烷型西洋参的人参皂苷ginsenoside Ro 具有保护肝脏的作用,而如今得到证实IH－901也具有肝脏保护功能，因而也可以确定达玛烷系列的人参二醇型也有肝脏保护功能。

20. 接下来要谈关于人参清麴酱的抗过敏作用。抗过敏的试验是主要用来研究清麴酱组胺从天仁禾(免疫基因)脱离时所带来的影响。

实验用的人参清麴酱是把200g大豆煮熟之后参合30g白参粉末，在42℃的恒温下发酵一天而制成的。

21. 首先观察了清麴酱对化合物48/80诱导组胺分泌所产生的影响。其结果发现清麴酱本身对组胺分泌并没有任何抑制作用。

22. 下面是拿清麴酱和白参粉末混合而制成的试剂来做实验的结果，显示出局部减少组胺分泌的倾向，但最终统计结果并没有显示明显的降低效果。

23. 以添加白参而发酵成的清麴酱试剂来试验的结果，不同量的试剂上都显示降低了组胺的分泌量，尤其在100和10ng/ml的浓度上,只投入40/80的化合物的试验结果，发现降低了3-4%的组胺分泌，便统计数字上也可确认到组胺明显减少。

从以上检测结果不难看出，添加白参后发酵而制成的清麴酱制品具有明显地降低组胺分泌的作用，因此可断定也可能会具有抗过敏作用。

24. 另外，如表所示，我们可以看出白参粉末中均有人参皂苷配糖体－ginsenoside Rb1, Rb2, Rc, Rd, Re, Rf, Rg1, 然而在人参清麴酱上大量存有PPD和PPT型的人参皂苷非糖体。从以上检测结果表明人参皂苷的配糖体，因清麴酱的发酵微生物发生水解反应，便形成了人参非糖体的台上皂苷元。因此，我认为今后有必要对人参皂苷非糖体所具有的生理活性和发酵微生物进行系统的研究。
发表到此结束，谢谢大家！

通翻譯

부록

회의 진행에 관한 용어 몇 가지

한국어	중국어	영어
의장	议长	chairman
사무총장	事务总长	secretary general
의제	议题	agenda
보고서	报告书	record
소집	召集	convocation
휴회	休会	adjourment
개회	开会	opening
발언권	发言权	(have the) floor
의사록	议事录	minutes

프로그램	节目 / 日程
프로젝트	项目 / 计划
이어폰(헤드폰/수신기/리시버)	接收器 / 接收机 / 耳机
마이크	麦克风 màikèfēng 话筒 huàtǒng
채널	频道 píndào / 声道 shēngdào
확인하다, 조정하다	调整 tiáozhěng[1]

1)

请自行调整耳机的声道。	请各位调整声道，听取所需译文。
리시버채널을 확인하세요.	필요한 언어로 맞추어서 통역을 들어주세요.

이 책에 나오는 음(의)역어[2)]

美元 měiyuán 美金 měijīn	미국 달러(dollar) = 美圓
乌托邦 wútuōbāng	유토피아(Utopia) 이상향
网络 wángluò	네트워크(network) 회로망
诺贝尔和平奖 Nuòbèi'ěr Hépíngjiǎng	노벨평화상
联合国 Liánhéguó	유엔(UN), 국제연합
能源 nénguán,	에너지(energy)
论坛 lùntán	포럼 forum
摩登 módēng	모던 modern
媒体 méitǐ	매스컴
高科技 gāokējī,	하이테크
数码 shùmǎ	디지털형(의)
意大利 Yìdàlì	이탈리아
世界杯足球赛 Shìjiēbèi zúqiúsaì	월드컵 축구경기
策展人 cèzhǎnrén	큐레이터
白领 báilǐng	화이트칼라(white-collar)
电邮 diànyōu	이메일, 전자우편, 'e-mail', EM.
总产值 zǒngchǎnzhí	총생산액
国内生产总值 guónèishēngchǎn zǒngzhí	국내총생산(GDP) Gross Domestic Product

2)

음역+의역	반음역+반의역	의역 부가식
幽默(humour) 유머 维他命(vitamin) 비타민	冰激淋(ice cream) 信用卡(credit card)	卡片(card+片) 카드 啤酒(beer+酒) 맥주

이 책에 나오는 성어

不屑一顾	承前启后	高瞻远瞩	各抒己见
bù xiè yī gù	chéng qián qǐ hòu	gāo zhān yuǎn zhǔ	gè shū jǐ jiàn
볼품없다. 볼만한 가치가 없다	지나간 것은 이어받고 앞날의 것은 창조해나가다	멀리 앞을 내다보다. 식견이 넓다	제각기 자기 의견을 말하다

悲喜交集	遍体鳞伤	不言而喻	不以为然
bēi xǐ jiāo jí	biàn tǐ lín shāng	bù yán ér yù	bù yǐ wéi rán
슬픔과 기쁨이 뒤엉키다. 슬픔과 기쁨이 번갈아 닥치다 = 悲喜交至	온몸에 상처를 입다. 온몸이 상처투성이로 되다	말하지 않아도 잘 알 수 있다. 더 말할 것 없다	그렇다고 여기지 않다. 동의하지 않다 찬성하지 않다

各显其能	焕然一新	豁然明朗	鸡毛蒜皮
gè xiǎn qí néng	huàn rán yī xīn	huò rán míng lǎng	jī máo suàn pī
제각기 자기 능력을 나타내다	온통 새롭게 되다. 면모가 몰라보게 달라지다	(마음이) 확 트이다 눈앞이 환해지다 = 豁然开朗	닭털과 마늘껍질 보잘 것 없는 사소한 일, 하찮은 일

继往开来	坚定不移	尽力而为	琳琅满目
jì wǎng kāi lái	jiān dìng bù yí	jìn lì ér wéi	lín láng mǎn mù
지난날의 것을 이어받아 앞길을 개척하다	변함없다. 확고부동하다	있는 힘을 다하여 일하다	(전람회, 진열장, 도서관 등에) 아름답고 귀중한 물건들이 쌓여있다

淋漓尽致 lín lí jìn zhì	泣不成声 qì bù chéng shēng	齐心协力 qí xīn xié lì	秋高气爽 qīu gāo qì shuāng
(말이나 글이) 투철하다. 매우 철저하다. 아주 통쾌하다	흐느껴 울어 말소리가 나오지 않다. 소리 없이 울다	마음과 힘을 합치다 일치단결하다 = 齐心合力	가을하늘은 높고 기분은 상쾌하다

取长补短 qǔ chǎng bǔ duǎn	赏心悦目 shǎng xīn yuè mù	深情厚意 shēn qíng hòu yì	深入人心 shēn rù rén xīn
장점을 취하여 단점을 보충하다 서로 보충하다	마음을 즐겁게 하다, 매우 기분 좋아지다	깊고 두터운 정	사람의 마음속 깊이 파고들다

诗情画意 shī qíng huà yì	天衣无缝 tiān yì wú fēng	突飞猛进 tū fēi měng jìn	万众一心 wàn zhòng yī xīn
시적인 정취와 그림 같은 경치. 시나 그림처럼 아름답다	흠 잡을 데 없이 완벽하다 주도 세밀하다	비약적으로 발전하다	모든 사람이 한 마음이다

喜怒哀乐 xǐ nù āi lè	欣欣向荣 xīn xīn xiàng róng	栩栩如生 xǔ xǔ rú shēng	有血有肉 yǒu xuè yǒu ròu
희로애락, 기쁨과 노여움과 슬픔과 즐거움	초목이 무성하다 무럭무럭 자라다 (사업이) 왕성하다 약동하다	마치 살아있는 것처럼 행동하다	형상묘사가 생동하고 실감이 있다

自由自在 zì yóu zì zài	真心实意 zhēn xīn shí yì	卓有成效 zhuó yǒu chéng xiào
자유자재, 조금도 제한이나 속박이 없는 상태	진실한 마음 성심성의	탁월한 성과를 거두다

문 체	
구어체(회화체)	서면어체(문장체)
일상회화체 공식연설체	사무문체 과학기술문체 정론문체 문예문체
'입' ⇄ '문장'	

标点符号 **(문장부호)**

点号 diǎnhào						
句号 jùhào	问号 wènhào	感叹号 gǎntànhào	逗号 dòuhào	顿号 dùnhào	分号 fēnhào	冒号 màohào
。	?	!	,	、	;	:
마침표	물음표	느낌표	쉼표	병렬쉼표	등분쉼표	설명쉼표
고리점			반점	모점	쌍반점	쌍점

标号 biāohào						
引号 yǐnhào	括弧 guāhào	破折号 pòzhéhào	省略号 shěnglüèhào	书名号 shūmínghào	着重号 zhuózhònghào	间隔号 jiāngéhào
" " ' '	( ) [ ] 〔 〕【 】	—	……	《 》 〈 〉	.	·
인용부호	괄호	전환부호	생략부호	서명부호	강조부호	간격부호
겹(홑) 따옴표	원, 모, 육각, 네모	줄표	말줄임표	겹(홑) 서명부호	아래점	가운뎃점

이밖에도 연결부호(连接号:–,——, ~)와 고유명칭부호(专名号 : ____)가 있다. 「문장부호용법」 1951년 9월 공포, 1990년 3월 재 공포, 1996년 6월 시행.

| 참고서적 |

최정화 편, 『통역번역입문』, 서울 : 신론사, 1998.9.

손지봉, 『중국어통역입문』, 서울 : 지영사, 1999.3.

백수진, 『중국어번역급소찌르기』, 서울 : 다락원, 2002.8.

김난미 외, 『통역・번역핵심가이드북』, 서울 : 현학사, 2005.9.

박종한 외, 『중한번역연습』, 서울 : 한국방송통신대출판부, 2002.1.

이용해, 『중한번역 이론과 기교』, 서울 : 국학자료원, 2002.8.

정호승, 『항아리』, 서울 : 도서출판 열림원, 1999.10.

张敏 편저, 『朝汉翻译教程』, 北京 : 北京大学出版社, 1992.9.

于天全, 当代应用文写作, 成都 : 四川大学出版社, 1996.10.

장석민 외, 『우선순위HSK관용어』, 서울 : 넥서스CHINESE, 2003.9.

徐昌火 저, 조문수 역, 『중국어유사어비교사전』, 서울 : 넥서스CHINESE, 2004.4.

D.Seleskovitch 저, 정호정 역, 『국제회의통역에의 초대』, 서울 : 한국문화사, 2002.2.

G.E.미람 저, 전지윤・김정희 역, 『통역과 번역 그리고 통역사와 번역사』, 서울 : 한국문화사, 2004.1.

저자 약력

이 국 희(李國熙)

세명대 중국어학과 교수

저서

『庾信後期文學中鄕關之思研究』(台北, 1994)
『중국문학개론(도표로 이해하는)』(2003)
『중국문화사(도표로 이해하는)』(2005)
『중국어기본구문(도표로 이해하는)』(2007)
『중국고전산문의 이해(동물고사편)』(공저)(2008)
『중국현대시』(편저)(2009)
『중국어학기초(중국어 학습자를 위한)』(2009)

김 명 순(金明順)

세명대 중국어학과 교수

논문 · 통역

「曹禺 前期戲劇 研究」(2006.12)
「曹禺의 雷雨와 '原始的 情緒'」(2007.2)
「曹禺의 작품과 '原始的 힘'」(2008.6)
중국진출 다국적기업 설명회(진행 · 통역)(2004)
제8회 섬 관광정책 포럼(第八屆島嶼觀光政策論壇)(동시통역)(2004)
발효한약 국제심포지엄(진행 · 논문 통역)(2007, 2008) 외 다수

통번역 학습을 위한
중국어책 값12,000원

2011년 8월 31일 초판발행
2014년 3월 12일 초판3쇄

저 자 **이국희·김명순**
발행인 리 재 영
발행처 **신론사**
등록번호 제10-308호(1989.3.4)

판매처 **신론사**
등록번호 제1-273호(1977.9.19)

주소 : 서울시 마포구 대흥로6길 6-12
전화 : (02)715-7232(代), 717-7235, Fax : (02)715-7235
E-mail : sinlon@saemoon.co.kr
website : www.saemoonbook.com
ISBN : 978-89-7411-309-4 93720